图解

钓鱼实战技巧

大全

胡晓峰 / 主编

沈阳出版发行集团

沈阳出版社

图书在版编目（CIP）数据

图解钓鱼实战技巧大全 / 胡晓峰主编 . — 沈阳：
沈阳出版社，2025.3. — ISBN 978-7-5716-4729-2

Ⅰ . G897-64

中国国家版本馆 CIP 数据核字第 2025Y7J094 号

出版发行：沈阳出版发行集团 | 沈阳出版社
　　　　　（地址：沈阳市沈河区南翰林路 10 号　邮编：110011）
网　　址：http://www.sycbs.com
印　　刷：北京飞达印刷有限责任公司
幅面尺寸：170mm×240mm
印　　张：13
字　　数：130 千字
出版时间：2025 年 3 月第 1 版
印刷时间：2025 年 3 月第 1 次印刷
责任编辑：杨　静　李　娜
封面设计：宋双成
版式设计：宋绿叶
责任校对：高玉君
责任监印：杨　旭

书　　号：ISBN 978-7-5716-4729-2
定　　价：49.00 元

联系电话：024—24112447　024—62564926
E—mail：sy24112447@163.com

# 前　言

　　"一竿在手，其乐无穷。"钓鱼爱好者把钓鱼视为人生的一大乐趣。人们在紧张的工作之余，领略江河湖海等大自然的风光，呼吸清新的空气，享受鱼儿咬钩时的极大乐趣，这是没钓过鱼的人所难以想象的。生活本身是千变万化的、丰富多彩的，会生活的人会在这千变万化丰富多彩的生活中，得到更多的愉快和欢乐。钓鱼活动是生活中一个重要而瑰丽的光环，它给人以无限的兴趣和欢乐。

　　钓鱼活动集健身、娱乐和交往于一体，适宜不同年龄、不同职业的人员参与，而且四季咸宜。垂钓活动，作为一种精神享受和健身之道，能够起到其他体育活动无法替代的效果。我们可以想象扛着钓竿，远离喧嚣的都市，寻找一个清静的好去处，把休闲垂钓、人与自然美妙地融合在一起，感受天地之灵气，那将会多么令人心旷神怡。

　　如今，钓鱼已从一项单纯的娱乐活动发展为一门综合性的体育运动。钓鱼活动需要垂钓者具备较高的技艺水平和科学方法，才能在钓鱼活动中有所收获，创造更加丰富的情趣。只有具备了较熟练的技巧，掌握并运用科学的垂钓方法，才能在钓鱼活动中大有收获。许多初学垂钓者常常不知该从何处着手、怎样才能入门，一些垂钓实践者也想了解如何提高垂钓技术。有鉴于此，我们特别编写了本书。

本书从钓鱼的基础知识开始，介绍了鱼竿、鱼线、饵料、鱼钩、铅坠等常用的钓具，接着主要讲钓鱼技术，着重介绍打窝、甩竿、投竿、提竿、遛鱼等基本技法以及不同季节和地点的钓鱼技巧，介绍常见鱼种的生活习性和分布，以及垂钓的钓具、饵料的配制、钓法。帮助读者正确地运用钓鱼技术，提升鱼类咬钩的概率。本书附有彩色插图，详尽地展示了鱼类品种、钓鱼基本技巧、钓鱼工具的使用方法等，方便读者直观理解知识点。

本书结合大量垂钓经验，总结出非常宝贵的垂钓必备知识，旨在为每位垂钓爱好者成为钓鱼高手提供帮助。由于我们水平所限，书中存在不当之处在所难免，恳请广大钓鱼爱好者批评指正。

目 录

第一章 钓鱼基础知识

第二章 钓具的挑选与使用

第三章 鱼饵的配置与使用

第四章 钓鱼的基本方法

第五章 钓鱼技巧与钓鱼比赛

第一章

钓鱼基础知识

第一节 钓鱼的好处

1. 为什么钓鱼的人越来越多

　　钓鱼最初是人类生存的一种手段，人类用自己的聪明才智发明了这样一种简便的捕鱼方法。然而，随着社会的不断发展，当人们不再为生存问题发愁的时候，就发现钓鱼还是一种非常高雅的休闲娱乐活动。高科技为我们带来便利，同时也为这一古老的娱乐活动注入了新的活力。

　　如今，越来越多的都市人走到池塘边、海滩上，毫不犹豫地迷上了这一古老而简单的休闲活动。众所周知，钓鱼是一项独具魅力的娱乐活动，古往今来，不少名人乐此不疲。古代很多名人、学者都喜爱钓鱼，虽然他们垂钓的

目的各不相同，但都包含培养高级情趣这一因素。据史载，我国第一个钓鱼名人不是人们熟知的姜太公，而是古帝舜。第二个有名的钓友

是周穆王姬满。人们熟知的姜太公是第三个有名气的钓友。

钓鱼不仅需要技巧和经验，还需要运气和机遇。每次钓鱼都可能遇到不同的水域、天气、季节、饵料、浮漂、吊钩等因素，这些因素都会影响钓鱼的效果和结果。因此，每次钓鱼都是一次新的挑战和尝试，需要我们不断地学习和改进。当我们成功地应对了这些挑战，并且钓到了心仪的鱼时，我们就会感受到自我实现与自我提升，这会让我们更加自信和自豪，也会让我们更加渴望下一次的挑战和突破。

钓鱼活动还是一种锻炼身体的方法，与打太极拳、跳健身操、舞剑等活动有同样的趣味性。如果能经常参加钓鱼活动，对我们的身体健康肯定大有好处，既能够缓解工作的压力，排除不良情绪，又可以充实生活，排遣空虚，同时可以抗老防衰，延年益寿。特别是对那些患自主神经功能紊乱、神经衰弱、心悸胸闷、轻度肺结核的患者以及身体处于病后康复期的人更加有益。同时，钓鱼活动还非常符合中老年人的生理特点。

投竿甩钩，看似简单，实则不易。垂钓里面也大有学问。当我们深入垂钓活动时就会发现，垂钓不仅需要掌握一般的垂钓常识和技巧，还要懂得许多其他的相关知识，比如鱼情、水性、天象、地理环境等，既要找一垂钓可获丰收的水域，更需寻一清静幽雅的休闲好去处，如此才不枉此行。

2. 钓鱼有益身体健康

钓鱼是一项有益于身心健康，增进情趣的体育项目。钓鱼是在大自然里进行的，这种环境的转换、空气的新鲜、阳光中紫外线的照射，加上钓者本身怡然自得的快乐心情，就足以使钓者增进健康、延年益寿了，何况钓者还要进行骑车（坐车、徒步等）、攀登、采集饵料、静坐、抬竿、换食、摘鱼等手脚不停的运动，它们不是简单的机械运动，而是在千变万化的环境和心情十分愉快的条件下进行的，因此，垂钓者在不知不觉中达到锻炼身心和增进健康的目的。国内外一些疗养院搞"钓鱼疗法"以治疗一些慢性疾病，其道理就在于此。

被誉为人类健康三大要素的阳光、空气和水，它们特别偏爱于垂钓者。现代医学证明，一些病菌在阳光的直射下几十分钟就会死亡。阳光中的紫外线不仅有杀菌作用，而且还有增进皮肤健康、提高造血机能、改善血液循环、促进新陈代谢的作用。如果一个人长期生活在空气污染的环境里，大脑细胞就会过早衰老，人体老化就会提前到来。现在国外十分重视"森林疗法"和"钓鱼疗法"。据科学家证实，如果人每天有25%的时间处在优美的大自然环境中，就会感到心情舒畅。

重点提示

钓鱼活动高尚清雅，有动有静，动静相宜，是人们修身养性、防病治病和增强体质的理想运动方式。我们常到野外垂钓就可以享受充足的阳光、新鲜的空气和山光水色的无限乐趣。一个人如果长期坚持垂钓，不但可以陶冶性格、培养耐力、调剂生活、消除疲劳，而且还会使体力充沛、精力旺盛地去学习和工作。

许多垂钓者的实践证明，在令人心旷神怡的自然环境中垂钓，会使人流连忘返，真正体会和感受到大自然给予人类的无限乐趣和益处。

3. 钓鱼可以延年益寿

唐代诗人高适在一首诗中写道："曲岸深潭一山叟，驻眼看钩不移手，世人欲得知姓名，良久问他不开口。"诗人以他独特的感受，描绘了老人垂钓时"形神合一"像老僧进入了超然忘我的状态。此时人世的烦恼和焦躁情绪自然而然地消失了，换之而来的是愉快的心情和稳定的情绪。

钓鱼活动很适合中老年人的生理特点。它既可以充实生活，排除不良情绪，又可以抗老防衰和延年益寿。

在人的健康长寿因素中，除了遗传和社会因素外，主要决定于合理的生活制度、适宜的运动、安静的生活环境和愉快的情绪。

人一步入老年，尤其是离退休后，如果没有什么特殊爱好，精神无所寄托，容易感到生活枯燥无味，会产生苦闷情绪，脾气变坏和有孤独寂寞感。要想愉快地度过晚年，必须有好的心情。马克思曾说过："一个美好的心情，要比良药更能解除心理上的疲惫和痛楚。"因此，老年人从事钓鱼活动，既可以改变生活环境，又可以起到锻炼身体的作用，有利于身心健康和延年益寿。

4. 钓鱼能调节中枢神经

垂钓能调节中枢神经系统的功能。人们走进垂钓场地，也就投入了大自然的怀抱。你看那岸边，绿树郁郁葱葱，叫不出名的野花争奇斗艳，吐着芬芳；小鸟在空中盘旋啁啾，唱着赞歌；再看那碧波之中，鱼儿追逐嬉戏，激起片片涟漪！这诗情画意般的环境，会使垂钓者养性移情，疲劳、忧思和俗事消散得一干二净。尤其是通过装饵、抛竿、静守到鱼儿咬钩，使垂钓者的大脑皮层逐渐形成"兴奋灶"，即希望钓上大鱼来。假若此时浮漂动了，或鱼铃叮叮作响，一条活蹦乱跳的鱼被提上岸，那般快乐简直达到了

巅峰，可真是"乐在其中无法说"了！

　　垂钓者如果原来患高血压病，此刻他的血压会下降 5~7mmHg 甚至更多，这是在实践中亲自测到的。为什么钓鱼比服药降血压还来得快？俄国著名生理学家巴甫洛夫曾作过这样的论述：中枢神经系统的高级部分——大脑皮层及其最接近的皮层下核，对肌体各种功能具有主导作用。上面说的垂钓良性刺激过程，也就是调节中枢神经系统的平衡过程，从而达到治病健身的目的。巴氏在实验中发现：给狗以恶性刺激，如恫吓、阴暗的环境等，使其中枢神经系统的高级部分处于抑制状态，其下级中枢就呈现出紊乱性兴奋。这时狗的胃液可直接消化胃壁而形成溃疡。由此可见，那些患有胃溃疡的垂钓者，坚持参加钓鱼活动，不吃药不打针，病情竟然好起来了，是有理论依据的。

5. 钓鱼磨炼人的意志

不同的人有不同的脾气。脾气好，对工作、对健康都有利；脾气暴躁，遇事不冷静，对他人、对自己、对工作都不利。参加钓鱼活动可以磨掉人的暴躁的毛病，使人增强韧性和毅力，并会使人变得机智灵敏。

钓鱼要耐得住寂寞。投下钓饵后，很可能在十几分钟、几十分钟甚至几个小时都见不到浮漂的反应，这是不足为奇的。天冷时，温度不上升，鱼儿就会卧在水底不动；天热时气温过高，温度不下降，鱼儿也不会游弋觅食；风向不对，鱼也不活跃。只有等到这些条件发生变化，鱼儿才会变得有食欲，爱活动，才会游到你的垂钓处吞食饵料。性急的人，投下钩就想钓起鱼，不见浮漂动，就挪地方，换钓点，或找新的水域，肯定是不会有收获的。钓鱼经历多了，知道了自己的毛病，从而改变这种个性，开始等待守候，这就是一种进步。

在环境优美的岸边静静地等待着鱼儿上钩，静观浮漂的起伏和竿梢的颤动。静，鱼儿不被惊扰，容易上钩；静，思想放松，精力集中起竿才能及时；静，长期保持安静，对陶冶性格、改变脾气会更有效；静，肌肉放松，神经完全处于一种忘我的入静状态，可以起到练习气功的效果。静，也是钓友的首要特点，脾气急躁的人在垂钓中会逐步得到改善。

出外钓鱼不可能全是天高云淡，风和日丽，天气变化往往在一瞬间。

刚才是艳阳高照，霎时是黑云压顶，大雨倾盆。夏天的中午，气温高达37℃以上，头顶烈日，汗流浃背。这对钓友是一种考验，要有应对各种气候变化的心理准备，这也正是培养人吃苦耐劳的精神，使人增强毅力磨炼意志的过程。

6. 钓鱼能促进一些疾病的治愈或好转

有关统计材料证实，在有些钓鱼协会的老年人当中，原患有各种慢性疾病的人达41.7%，这些人经过垂钓活动，已基本治愈的占21%，其余患者也都有明显好转。这是令人高兴的事。

据文献记载，垂钓有利于促进下列疾病的治愈或好转：肩周炎、颈椎病、支气管炎、肺气肿、消化性胃溃疡、慢性胃炎、消化不良、胃癌手术后胃神经官能症、习惯性便秘、慢性肝炎、原发性高血压病、冠状动脉供血不足等。其中，有些疾病，如肩周炎等，是通过抛竿、甩钩等活动把粘连的腱膜拉开或拉松而获愈的。有些疾病，如慢性支气管炎、一氧化碳（煤气）中毒、脑动脉血管硬化等，则是在野外丰富负离子的作用下促进理疗得到康复的。这要比高压氧舱治疗舒服、安全，且节省费用。还有些疾病，如神经衰弱、高血压、失眠等，是通过调节中枢神经系统得到明显改善的。近年来，医学家研究发现：愉快的生理活动，在丘脑下部能分泌出一种物质——内啡，使人产生快感。这里所指的愉快的生理活动，是听动听的音乐。我们从实践中体会到，钓获一条鱼（特别是大鱼），所产生的快感，与听音乐的愉快感以及广场舞运动后的舒服感，对促进身心健康具有异曲同工之妙。这三者之间，从快感持续时间长短来看，与个人的文化层次、性格、爱好密切相关。一般来说跳广场舞后的快感最长，钓鱼快感次之，听音乐的快感时间稍短。当然，这也是因人而异的。总之，钓鱼、跳广场舞和听音乐，都会有内啡物质从丘脑泌出，对健康十分有益。

7. 常吃鱼好处多多

鱼类所含的营养成分非常丰富，多吃鱼比多吃猪肉强。

鱼类含蛋白质较多，而且容易被人吸收，人体消化吸收率可达96%。鱼肉所含的钙、磷和维生素 A、B_1、B_2、D 等物质，比其他肉类高得多。鱼油较其他动物脂肪优越，含有多种不饱和脂肪酸，这种不饱和脂肪酸，能降低人体的胆固醇和甘油三酯，因此可以防止动脉粥样硬化和冠心病。儿童的成长发育尤为需要维生素 A、D。鱼肉最易消化，适合老年人、体弱的病人和儿童食用。鲤鱼利尿、消肿，其汤可以醒酒；鲫鱼健脾；乌鱼（又叫财鱼、乌鳢、沙塘鲤）更为南方人喜爱。甲鱼（老鳖）为祛病健身之上品，有防癌作用。

另外，自己钓获的鱼比在市场上买的新鲜，吃着放心。新鲜鱼味道鲜美，特别是自己的劳动果实，享用时别有一番滋味。

第二节 了解鱼的特性

1. 要钓鱼先了解鱼

俗话说："近山知鸟音，近水识鱼性。"要钓鱼，首先得了解鱼。假如一个人连什么是鲫鱼、什么是草鱼都分不清，是很难钓到鱼的。在同一个池塘钓鱼，所用钓具也差不多，都是手竿，可是有的人钓到了鱼，有的人却钓不到鱼，或者是比别人钓得少，其原因是什么呢？实际上，在同一水域并非各处都有鱼（人工养鱼场除外），鱼在水中并非均匀分布，有的地方是"鱼窝"，就是鱼栖息生活的地方，有的地方是鱼游弋时经

过的地方，有些地方鱼儿很少游到。怎么判断鱼在什么地方打窝而不到另一些地方呢？有钓鱼经验的人可以从当时的气温、风向、水色、水中生物、周边环境等情况来做选择，其最基本的选择标准就是依据鱼的生活习性。

当我们认识了鲫鱼，知道鲫鱼多生活在水的底层时，就会把钩、饵投到水底，而不是用浮钩法把钩、饵投在水的中上层；当我们知道鲫鱼的个体较小时，就会用小钩细线，而用大钩粗线钓鲫鱼效果则不会好。当我们知道鱼儿怕热，气温在30℃以上时就会游到深水区或有阴凉的水域，我们就不会在浅水区垂钓，会专找深水区垂钓。当我们知道春天是鲫鱼产卵的季节，常在有水草、树枝的地方产卵，让卵附着在水草茎或树枝上，我们就会找有水草、树枝的地方投饵下钩。

因此，钓友了解鱼的生理特征和生活习惯至关重要。

2. 鱼的视觉功能

鱼类主要是靠视觉来觅食的，多数鱼在水中只能看2～3米远，少数的在清水中可以看10～12米远的东西。如人站在水边，人影由光线折射到水面后，又折射到鱼的眼睛里。因此垂钓时不用担心鱼发现不了鱼饵，而要注意的是垂钓者应找一个低处背光面，以免被鱼发现。

靠视力觅食的鱼，一般来说白天在水体上层吃饵，如鲤鱼、草鱼、鳜鱼、青鱼、鲢鱼、黑鱼等，所以垂钓这些鱼除用活的真饵外，用假饵也能钓到。

鱼的眼睛绝大多数长在头部两侧，并突出于眼眶，因前视野开阔，单眼视野在水平面上为60～170°，在垂直面上能看到150°左右。一般来说鱼类只有身体正后方一小块地方才是它们的视力盲区。在鱼的前方由其双眼所形成的交集视野区大约为45°。这就是鱼的立体双目视力范围。在这个范围内，鱼能测出前方景物的精密纵深，但清晰度很差，因为在其正前方的形象焦点，落在了视网膜前端的边缘。因此鱼要看清前方的东西，一般都不能取正面，而要选一个非正面的适

当角度。

鱼的种类不同，眼睛的视力、构造、作用也各不相同。但一般而言，对光的阴暗与明亮和物体的大小、形状、颜色的反应，以及在寻找食物、接近目标、躲避敌人、追求异性等方面，都起着一定作用。

鱼在6米深的水下，会把纯红的模拟饵或活饵，看成黑色。黄昏时，水中最先消失的是红色，其次是橙色和黄色，最后是蓝绿色。这为垂钓者选择钓饵的颜色提供了依据。

鱼在运动的过程中，对于水中出现的较大或巨大的阴影、倒影、不太明显的闪光点和条纹等都会迅速地产生反应，由此而产生了"阴影反应"。

鱼类为了保护自己，常常聚集在阴影下，既可避敌害，又容易发现亮处出现的饵料、浮游生物等。

重点提示

在光线不足而阴暗的水下世界里，水中的物体往往同水体中的背景混为一体，难以辨认。然而由于鱼类有敏锐的视觉能力，鱼的眼睛不但能看到水中的物体，而且也能看到水上的物体。周围出现的一些细小动作，都可能引起鱼的注意。因为物体的运动对鱼会产生信息反应，所以不管是海水垂钓还是淡水垂钓，鱼对活动的饵料都特别感兴趣。

 3. 鱼的听觉功能

鱼类没有外耳和中耳，内耳是鱼类的听觉器官。内耳是由三个半规管和三个囊构成的，每个囊状构造中有一块耳石和感觉斑。

一般鱼类听觉不太灵敏，只能听到较强的声音。但有些鱼的听觉较为灵敏，例如鲤鱼、鲫鱼、鲶鱼、鳊鱼、麦穗鱼等，它们在水里不需要调整身体的方向就能听到来自四面八方的声音。在视线不良的情况下（水质混浊或夜间），它们的听觉频率范围比人的可听频率范围大得多。尤其是终年在风平浪静水域中长大的鱼，对声音更加敏感。

从垂钓的观点来看，声音对鱼所起的作用有两个：一是声音对鱼产生惊吓，使其闻声而逃；二是声音产生诱惑力。垂钓的技巧之一就是善于利用这种能引起鱼注意或好奇心的声音。近期市场上出现的诱鱼器就是利用这种原理制成的。但这种声音要恰到好处。声音的强弱，会使鱼产生不同的反应。

科学家做过这样的试验：向鲤鱼喂饵时，用录音机把鲤鱼吞饵翻身潜入水中的声音录下来，再将录制的声音适当放大后放到另一水域播放时，距声源40～50米处的数十条鲤鱼几乎同时向声源方向游过来，但声音提高10倍时，这些鱼反而惊慌地逃散了。据养鱼场的工作经验，当饲养鲤鱼时，只要多次用小木棒敲打船边做信号投给饲料，鱼就会形成条件反射（这种条件反射是由声音和投饵建立起来的）。但这种条件反射只适用于这个鱼场，到其他水域就不起作用了。因为这个鱼场的鱼听惯了这种一定范围的频率和强弱的声音，而且当声频过高时，

鱼就会感到惊慌而逃散。

垂钓时，特别是海竿垂钓时，钓饵和钓坠入水时会产生"劈波"的声音，坠重饵大时声音会更大。因此要求钓友在甩竿过程中，当钓饵和钓坠将入水时，稍控制一下钓线及竿梢，使钓饵和钓坠入水的声音尽量轻一些，这样不仅不会惊吓鱼反而会使鱼感到好奇并向声源靠近。

4. 鱼的嗅觉功能

鱼的鼻孔是嗅觉器官，能嗅到水中有气味的物质。鱼的嗅觉除能鉴别水质外，还能辨别食物、侦察敌害、识别异性。

嗅觉对于鱼类的生活、繁衍有着十分重要的作用。某些鱼在很远的地方就能嗅出它所要吞食的饵料和来自水体中的敌害。夜间觅食的鱼如鳗鲡、黄鳝、鲶鱼等视觉相当差，主要靠嗅觉寻找食物。钓友要想钓到鱼，就得先在气味上骗得过鱼才行。海洋里的鳗鲡可以依靠发达的嗅觉进行长距离的洄游，最长距离可达5000多公里。有的鱼尽管有很发达的嗅觉，但要发挥作用，离了水流不行。所以掠食鱼多逆流游水，例如埋伏在水底石洞口的石斑鱼的头总是逆向水流，这样它才能更快地嗅出前方是否有食可寻。

在使用模拟饵（假饵或毛饵钩）时应该注意，它只能蒙骗鱼的视觉，并没有什么诱惑鱼的气味，垂钓时上下抖动模拟饵，虽对肉食性凶猛鱼类是会产生一定的诱惑力，却在很多情况下由于假饵是没有气味而不能引起鱼的食欲。因此，垂钓者在诱鱼上钩时，要在钓点附近撒些真饵，这样才能起到以假乱真的效果。

鱼类在水中生活，嗅觉和视觉一般有互补的作用，嗅觉强的鱼，嗅到味后会去追寻食物，用视觉发现食物。所以对垂钓者来说，钓鱼时要注意饵料的色味俱全。夜间垂钓偏重于气味，白天清水中垂钓偏重于颜色，在浑浊水中垂钓除注意气味，还要注意颜色。

5. 鱼的味觉功能

鱼的味觉主要是靠味蕾。鱼的味蕾一般分布在鱼的口腔、唇、吻、鳃上，有的鱼甚至在鳍上也有。鱼在觅食时味觉器官与嗅觉器官是相互配合的，它只要接近食物，不需要张口就可以感受到食物的一些味道。

味蕾的作用是辨别食物的味道，它具有分辨甜、咸、苦、酸等味道的能力。鱼对甜的感觉很灵敏，如鲑鱼比人的味觉强512倍。因此，一般苦、涩、辛、酸或过咸的饵料均不宜做鱼的饵料。

鲶鱼是鱼类味觉方面的冠军。它全身布有十万多个味蕾，特别是它胡子般的触须上布满了味蕾。

一般肉食性鱼类喜欢腥味大的动物性饵料，鳗鱼喜欢腐败肉类的气味。在饵料里掺些酒、蜂蜜、盐、蚯蚓等能引起鱼的食欲。在选择钓饵时，应力求保持饵料的新鲜、清洁和气味的持久性。

从鱼的觅食情况分析，大概有这样几个步骤：首先是视觉或嗅觉引起鱼的注意，进而追逐到食物，先用表皮的味蕾、吻、唇或触须试探一下味道，如感到可食就摄入口中，接着决定是否应该吞下。这时对垂钓者来说是提不提竿的关键时刻，应该掌握好时机。

6. 鱼的食性特征

鱼的种类不同，食性也有所不同。按照成年鱼主要食物的性质，可将鱼类大致分成以下几种食性类型。

①浮游生物食性：也称为滤食性。这类鱼经过密集的鳃耙滤取食物，随着嘴的张闭与吮吸，食物随水进入口腔。中、上层鱼类大都以浮游生物为食，如鲢鳙和鲥鱼等。主要浮游生物有轮虫、枝角类、桡足类等。

②草食性：以水草、浮萍、青菜以及植物的茎、叶、果实等为食。草鱼和鲂鱼是草食性的典型代表。

③肉食性：也称为凶猛性鱼类。这类鱼多以其他鱼类或动物为食，如哲罗鱼、狗鱼、鲈鱼、黑鱼、带鱼、蓝点马鲛等。

④杂食性：这类鱼食性很广泛，如昆虫、小虾、蠕虫、螺蛳，植物的茎、叶和粮食等。鲤鱼和鲫鱼为杂食性鱼类的代表。

⑤底栖生物食性：在水体中、下层和底层生活的鱼类，以贝类、环节动物、昆虫幼虫等为食。如青鱼、蟹鱼等。

7. 鱼生活在哪些区域

鱼生活在水中哪些区域呢？只有了解了鱼的生活环境，钓鱼才有针对性，也就少了盲目性。

我们把水从水底到水面分为底层、中层、上层三个层面。鱼因为生理的原因，生活在水的不同层面。

生活在水底层的鱼最多，如鲫鱼、鲤鱼、鲶鱼、鳊鱼、青鱼。它们的食物来源主要是水底层的小软体动物、昆虫及植物的碎屑和叶草等。它们有时也游在水的中层，主要是因为气温的关系。如由寒冬转为春天，水的中上层因太阳光照射温度上升，较水底暖和，自然游到水的中上层。春天，也因为产卵的原因，常常游到有水草、有树枝的地方产卵，让卵附着在草茎、树枝上。

生活在水中层的鱼主要是鲢鱼、

重点提示

鱼不会绝对生存在某个水层。生活在水底层的鲫鱼在春天也会到水的中、上层生活，因为这时水的中上层温度较水底层高。若是炎热的夏天，生活在水的中层的鲢鱼、鳙鱼、草鱼也会到水的底层（尤其是深水的底层）"避暑"。这些情况对垂钓者来说十分重要。在什么季节钓什么鱼，应考虑到这时鱼会在哪个水层中生活。

鳙鱼、草鱼，翘嘴鲌有时也生活在中层水域。尤其是鲢鱼、鳙鱼，基本上不到水的底层，因此要钓鲢鱼、鳙鱼只能用浮钓法。

小鳘条、白鱼以生活在水的上层为主。因为它们的食物来源主要是漂浮在水面上的浮游生物、藻类植物及被风吹进水中的各种植物的种子、果实及小虫等。若钓这些鱼自然也应用浮钓法。

8. 鱼类属于变温动物

鱼类属于变温动物，其体温随水温的变化而改变，因此鱼类对温

度的微小变化十分敏感,而且有趋温性。春季来临的时候,随着太阳光辐射增强和气温的升高,水体温度逐渐升高。水表层升温较快,水底层升温缓慢。不同深浅的水体,水底层温度变化的快慢也是不相同的。当气温逐渐上升时,浅水区水底层温度比深水区水底层温度上升要快一些,哪怕温差只有1℃,鱼儿也能感觉到,纷纷向浅水区游动、迁徙。

常见淡水鱼最适宜的生活水温一般为15～25℃,这也是最适合钓鱼的水温。在这个温度范围内,淡水鱼活动能力最强,生长发育较快,到处游弋觅食,容易上钩,此时钓鱼,收获明显。当水温高于或低于这个标准时,它们从自己的体感出发,就会游到最接近适宜自己生活水温的地方去。不同的鱼种适温范围有所差别,不能一概而论。例如鲫鱼在低温0～10℃、高温30℃左右,草鱼在10～32℃,鲢鳙在高温30～32℃,罗非鱼在高温35℃均可以钓到,而甲鱼低于15℃便停止摄食。

9. 鱼类的洄游

洄游是指鱼类在一定的季节气温条件下,集群由一处出发,沿着一定路途进行有规律性的游动。长期定居不进行这种洄游的鱼类称为定居鱼类。洄游鱼类又分被动洄游和主动洄游。

被动洄游指随水流动而进行移动的仔鱼、幼鱼和鱼卵。如青鱼、草鱼、鲢鱼、鳙鱼等在长江中上游产卵之后,鱼卵和幼鱼顺水流而下。

主动洄游是为了生殖、索食、越冬主动进行迁移的游动。这种洄游在空间上有一定方向、距离和范围,在时间上有相对稳定的周期。根据洄游的目的可分为生殖洄游、索食洄游和越冬性洄游。

鱼类为了繁殖后代进行生殖洄游。我国渤海、黄海和东海的近海鱼类（主要是春夏两季）就是这样，它们为了寻找适宜的产卵场所，集中在各自的出发地，以强烈和急速的运动向产卵场前进。

索食洄游是以追逐食物向育肥场进行的迁移行动。由于海洋中鱼类所需食料的分布经常发生改变，所以索食洄游的时间、路线和方向没有生殖洄游那样相对固定。

越冬性洄游又称季节性洄游，一般多指喜暖性鱼类，它们随季节的变化，由索食育肥场所向越冬的暖水区域迁移。

淡水鱼越冬洄游则是由浅水游向深水。

10. 鱼类喜欢有水草的地方

水草、浮萍、藻类都是鱼类喜欢吃的饲料，尤其是以食植物性饲料为主的青鱼、草鱼等更喜欢生活在有水草的水域。

水草在光合作用下吸收二氧化碳，释放出氧气，水草多的地方自然氧气充足。而氧气是动物维持生命不可或缺的重要条件。水草可以遮阳，水草丛中夏天的水温较没有水草的地方略低，鱼儿为了"避暑"，常常在水草丛中歇息。

水草的茎叶上常常有小昆虫生活，这些也是鱼儿的食物来源。波浪会把水面浮游物送到水草丛边，因水草的阻挡，这些浮游物不会再飘到别处，对鱼儿来说，食物来源自然较其他无水草的水域丰富。

鱼儿产卵时往往要依靠水中的树枝、草梗来摩擦自己的身子，刺激自己的身子使卵子排出体外，所以鱼儿喜欢在有树枝、水草的地方生活。钓友常说："钓鱼不钓草，等于瞎白跑。"其道理就是因为水草与鱼儿的生活有着密切的关系。垂钓者每到一个地方，总是找有水草的地方或有树枝倒入水中的地方下钩。

鱼儿喜欢有水草的地方，但水草并不是越多越好。我们常常见到有些水塘，整个水面全被水草覆盖，被浮萍遮盖，这样的水面并不好。一方面是因为水草太多，无处下钩，鱼上钩后会游到水草丛中，难以提竿；更重要的是水草太多，影响空气与水面接触，水的含氧量少，不适宜鱼儿生存。若是水草成片，但未满塘，垂钓者可以用扎钩或其他工具在水草中打个"洞"，空出一片无水草的水域，在这样的地方下钩，钓鱼效果肯定会好。

第三节 环境对钓鱼的影响

1. 天气对钓鱼的影响

天气随季节的变化而有所不同，为了更好地了解不同天气现象与垂钓的关系，我们进行以下分析，对具体垂钓将更有帮助。

强冷空气对垂钓的影响：强冷空气遍及各地期间，水温骤降，鱼类将躲藏到深水区，少吃少动，不适宜钓鱼。

温度对垂钓的影响：水的温度不但会影响鱼类的生长发育，还会直接影响其体温的变化。一般淡水鱼适宜的水温在15～25℃。当水温降到5℃以下或超过30℃时，便超出了鱼儿适宜生存的范围，此时很难钓到鱼。

下雪前或下雪时常出现霰，而雹多在夏季和春秋时出现。霰由于多呈球形，垂直降落速度较快，落入水中时会激起水花，水花似喷泉散落在水面，溶氧增加，鱼就显得活跃，适宜钓鱼。

但冰雹出现时，水面遭受较强的冲击力，造成水面局部或全部处于激烈震动状态，鱼就四散逃逸，因此，不宜钓鱼。

晴、雨天对垂钓的影响：一般情况下，除夏日的中午和冬日的清晨、夜晚不宜垂钓外，其他天气只要是晴天，都较适宜钓鱼。阴天或小雨的天气，除冬季的早晨和夜晚外，其他时间也都适宜钓鱼。夏天阵雨之后也有利于钓鱼。但大雨和暴雨之后，含有大量泥沙的浑水流入，极不利于钓鱼。

雷电对垂钓的影响：雷电系空中带导电的两块云相接近时，因放电而发出强烈的爆炸与耀眼的亮光。喜静怕惊是鱼类共同的习性，特别巨大的声响与振动，更会惊吓到鱼类。鱼类受到霹雳闪电、雷声隆隆的惊吓后，会迅速躲藏，到深水隐蔽处，潜伏不动，故不适宜钓鱼。

另外，在发生日偏食、日全食或月偏食、月全食时，一般来说，由于地表照度突变，钓鱼效果也不是很好。

2. 风力对钓鱼的影响

在通常情况下，钓鱼爱好者们都喜欢在无风时垂钓。但并不是风平浪静时都会得到好的垂钓结果，比如，盛夏和初秋时，炎热的天气，平静的水面没有一丝风，会造成水中缺氧，鱼儿只好浮到水的上层嚼水，没有心思摄食；相反，若有2～3级的轻风，不但让人感到清爽，鱼也会更活跃。由于风力的作用，不仅使垂钓水域空气流动，增加了水的溶氧量，还能使平静的水面变得波光粼粼，改变水的屈光度，使鱼儿不易看到岸上的人影、竿影，从而大胆地摄食。

"无风不钓鱼"，这句俗话表明了风在垂钓中的作用。没有经验的钓鱼者常常会面对风天发愁，总想找个能避风的地方钓顺风鱼，而经验丰富的钓友则相反，专钓顶风鱼。顺风垂钓，虽抛竿容易，也可躲避风浪，但鱼儿有顶风游的习性。此时，鱼儿已同随风卷走的生物（如浮萍、水浮莲）一道远去，顺风处自然也就钓不到鱼了。

值得注意的是顶风钓鱼，除考虑风的因素，适当加重铅坠，收短主线，加大诱饵的投量外，特别要克服风浪对浮漂的影响。

风天钓鱼还必须清楚四季有别，才能保证多钓鱼。

重点提示

风天垂钓，水面会随风而动，不但增加了水中的溶氧量，一些微生物、藻类植物及游在水面的昆虫、花粉、杂草也会随风流至下风口，鱼儿也就自然地随这些浮游物游到了下风口，加之风浪的荡漾，即使下风口地段水体浑浊，光的亮度减弱，掩盖了岸上的喧哗、噪声，也增加了鱼儿的安全感。还有一些生活在底层的鱼类（如鲫鱼、鲤鱼）也会在下风口底层寻找各种美味佳肴。因此，这时在下风口布窝垂钓，必有收获。

3. 最佳钓鱼天气

（1）多云天气

天上的云悠悠，时卷时舒，忽明忽暗，明暗相间。这样的天气，鱼有一种舒适感，异常活跃，会频频咬钩。

（2）细雨濛濛

细小的雨点，落入水中，水温适宜，溶氧充足，鱼食欲大振，不停地摄食。春季的雨天，在南方有利于垂钓，而在北方，下雨使水温降低，效果不佳。

（3）发生明显变化的天气

天气由晴转阴、由阴转晴，或是由热变凉、由凉变热，特别是久晴初雨或久雨初晴的天气，鱼显得异常活跃。这是因为天气较长时间维持不变，使鱼感到"厌腻"。当天气发生"突变"时，会使鱼产生新鲜感，原先那种"厌烦"与"压抑"顿时荡然无存，表现为欢腾跳跃。

（4）雷阵雨后和大风过后

雷雨之后，气温适宜，凉爽宜人，水中溶氧充足，食物增多。同时还因为雷雨之时或大风之时，鱼惶恐不安，躲藏在隐蔽处或伏在水底不动，处于"忍受"之中；当雷雨或大风一过，处于惊惶、"忍受"中的鱼得到"解放"，又有许多可食的饵料送到嘴边，便会异常活跃，频繁觅食。

（5）下露与下霜的天气

清晨有霜、露，会使一天的天气出现冷→暖→冷的温差变化。这种明显的温差变化，使水中鱼感觉舒服，活动量增加。

（6）风和日丽、凉爽宜人的天气

这样的天气在江河、湖泊和大型水库及水面宽阔的流水水域的鱼活跃，适合垂钓。一点风没有并不太适合在养鱼塘垂钓，因为风平浪静，水中溶氧量不足，鱼感觉不适，甚至憋闷，不会有太好的食欲。

4. 不适合垂钓的天气

（1）雷雨前的闷热天气

雷雨之前，冷风逼近，气压降低，水中严重缺氧，鱼呼吸困难，烦躁不安，难以忍受，会纷纷浮到水面嘬水，无心吃食。

（2）阴雨连绵的天气

连续不断地降雨，必然泥沙俱下，水体浑浊，影响鱼觅食；另一方面，连续降雨会使水位暴涨，这将导致鱼如同"发高烧"一般不停顿地四处狂奔，无心吃食；退一步讲，即使水位上升不快，降雨也会使水体中冲刷进来的食物增加，因此鱼对人工投放的饵食，也并无太多的兴趣。

（3）下雾天气

下大雾空气沉闷，气压降低，致使水中溶氧不足，鱼感到憋闷难受，无心觅食。但是秋末和冬初下雾，往往预示着寒潮即将来临，鱼有所预感，反倒会拼命进食，以做好向深水转移的物资准备，因此下雾反倒对垂钓有利。

（4）下冰雹和霜冻天气

这种天气会引起水温的急剧下降，对垂钓不利。

（5）气候较长时间恒定不变的天气

如久晴不雨也不阴，久雨不晴，久热、久寒，多日无风等。这样的天气，鱼多有不适和"厌烦"之感，不可能有很大的活动范围和很好的食欲。

（6）恶劣的天气

恶劣的天气，如疾风恶浪、沉闷酷热、乍热骤冷、狂风暴雨等。

类似上述的恶劣天气，或使鱼惊恐万状，或使鱼烦躁不安，或使鱼憋闷难忍，根本无心进食。

5. 流水区域怎样钓鱼

我国的小河、小溪到处都是，这里流速较缓，鱼的品种很多，很多钓者都把目光投向这里，但这里鱼密度较小，故对钓点的选择更为重要。一般可做如下考虑：

（1）河岸平直钓凸处

原来平直的河岸，若在某处有一凸起，这个凸起处的水流是鱼的必经之处，在这里下钩，必有所获。

（2）洄水湾处鱼多

这里水流平稳，水草多，浮游生物也多，是鱼觅食的好场所。

（3）地形复杂好垂钓

水底如有乱石、树桩、沟坎等障碍物，鱼类最喜欢在此处隐蔽，特别是大鱼好在此处栖息。

（4）水域宽窄

宽钓窄，窄钓宽，不宽不窄钓中间。水面较宽水域，窄处的鱼密度会大些；而在较窄水域，水流速快，鱼难停住，可在稍宽处垂钓；在不宽不窄处的水域，可钓中间水深处。

（5）水闸下游饵料多

小河中常建有水闸，在水闸的下游，水势平稳，饵料较多，是好钓点。

6. 静水区域怎样钓鱼

静水是指池塘、湖泊等水域，该水域中的水基本不流动，也是钓者们垂钓的主要水域。在这种水域垂钓，其钓点选择可做如下考虑。

（1）选点应不离水草

鱼类由于生存的需要，多数与水草结下了不解之缘。为什么鱼类偏恋水草呢？主要有以下几个原因：

第一，饵料丰富，很多水草本身就是鱼类的饵料。水草处一般水较浅，且有大量浮游生物，如小鱼、小虾等，是很多鱼类的"佳肴"。丰富的饵料吸引了众多鱼类前来觅食。

第二，易于隐蔽。茂盛的水草是鱼类的隐蔽之所，在这里它们有较强的安全感。

第三，繁殖场所，水草是鱼类天然的"产床"。它们喜欢在水草上产卵，每到繁殖季节水草区都特别热闹，鱼类在这里交配嬉戏，为繁殖后代尽心竭力。

第四，躲暑避寒。水草能对强烈的阳光起遮挡作用，水温较别处低；秋凉以后，这里水温又比别处高，可起躲暑避寒的作用。

第五，溶氧充足。水草的光合作用能放出氧气，故水草区的溶氧较别处充足。

可见，水域中凡有水草之处，均应作为首选钓点考虑，渔谚曰"钓鱼不钓草，终究是白跑"，就是这个道理。

（2）选点不离活水

在静水水域，也可能有小流量的进水和出水。水流为静水带来了生机和活力，带来饵料和氧气，尤其是进水口，能带来丰富的饵料。所以，进水口和出水口，是一个好钓点。

（3）选点不离饵料充足处

饵料是鱼类生存之本，饵料多鱼多。因此，凡是能为鱼提供食物的地点，如鸡窝、猪圈、厕所、粉坊、磨坊、豆腐坊等处，这里所产生的生活垃圾是鱼类最好的饵料，也是好钓点所在。

（4）长方形池塘钓中腰

对于长边比短边要长得多的鱼塘，鱼类喜欢在长边来回游弋，而长边的中部即"腰"部，是鱼游弋的必经之地。

（5）四方池塘钓四角

对于近似四方形的池塘，鱼类多是沿周边巡游，并喜欢在四角停留休息，故此处应是好钓点。

7. 春季钓鱼特点

春季是大多数鱼类由冬眠复苏的季节，它们要恢复体力，生儿育女，所以觅食也特别勤奋。

每年的3—5月是我国大多数地区垂钓的黄金季节。但早春时节，天气还较寒冷，水温尚低，类似初冬，除鲫鱼开始摄食外，鲤鱼和草鱼等鱼类还尚处不食或少食阶段，所以只宜钓鲫鱼。适宜垂钓的天气是晴、多云或连续多日阴天，以晴天为佳。雨天不宜垂钓，因为此时下雨大多伴随着寒潮侵袭，气温大幅度下降，鲫鱼因畏寒而减少游动和摄食，不爱咬钩，因此，不宜垂钓。

清明前后，气温缓慢上升，鱼类正值产卵前后，产卵前要摄入大量食物，以满足性腺发育。适宜垂钓的天气是多云或阴天；晴天（特别是上午 10 时以后）反倒不利于垂钓，这是因为此时水表层被太阳晒得较暖和，多数鱼已浮至水面晒太阳，这时它们并不摄食且很少活动；雨天，鱼停止游动觅食，也不宜垂钓。

只有在谷雨前后，天气渐渐转暖，才是垂钓的最佳时期。这时的鱼基本完成产卵工作，纷纷向近岸游动；大量进食，补充产卵排精后的身体所需。适宜垂钓的天气是晴、多云和阴天，以多云和阴天最好。绵雨和狂风暴雨天不利于垂钓，但狂风暴雨后，特别是春季的第一场狂风暴雨后的晴天丽日，却是最好的垂钓时机。

暮春是一年中垂钓的第一个黄金季节，此时，适宜垂钓的天气与仲春后期基本相同，所不同的是阴雨天也适宜垂钓。如果是晴天，上午的垂钓效果好一些，中午以后，鱼就不爱咬钩了。

8. 夏季钓鱼特点

初夏时的水温十分适宜鱼类生存，这时鱼类的食欲特别旺盛，晴、多云、阴、雨天都适宜垂钓，以多云和阴雨天最佳，无论钓深钓浅，钓近钓远，都会有好的收获。如果是连续多日的晴天，垂钓效果就差些。多云和阴天，特别是久雨后的阴天，更是垂钓的好天气。

在盛夏的酷热天，如果突然一场短时的暴雨伴随着冷空气（风）袭来，空气随之十分清新，人感到神清气爽，此时垂钓，鱼很容易咬钩，垂钓会得到不小的收获。如在大水域垂钓，还可钓获预想不到的大鱼。但这种天气很短暂，最多一天半天，垂钓者万不可失此良机。

盛夏的烈日，水温很高，水中氧气减少，大气压降低，不利于鱼的生存，鱼类食欲减退，潜入深处、远处避暑去了，这样的天气不适宜垂钓。

夏天最不适宜垂钓的天气是阵雨过后，大地仍然热气蒸腾，水温不仅未降，反而更加闷热，鱼感到窒息般难受，懒得游动摄食，垂钓很少获鱼。

重点提示

草鱼生性喜热畏寒，夏天是其食欲特别旺盛的时期。在淡淡的烈日下，有些鱼类少食少动，而草鱼却特别活跃，争夺饲料（草）而食，所以夏季的晴天是钓草鱼的最好天气和时机。阴天也宜垂钓，但收获相对少些。不很热的初夏，如下一天或半天大雨（非暴雨）时，天气变得凉爽，草鱼更加喜食好动，常在较浅水域忙碌觅食，趁雨底钓比晴天浮钓效果还好。不过，这样的天气也不会持续多久，雨停后，鱼汛就会发生变化。

 9. 秋季钓鱼特点

垂钓的第二个黄金季节要数秋季。初秋，适宜垂钓的天气主要是阴天，渔谚说"秋钓荫"，指的是要求垂钓应具备凉爽的条件。阴天比较适宜垂钓，而烈日当空、气温很高时，就不利于垂钓了。雨天（特别是绵雨天）更不宜垂钓，因为秋天下的是"凉雨"，而此时的水温比雨水的温度高，下雨前，水体温度上高下低，有较大差异；下雨后，水底的温度又比水面温度高得多，鱼便浮在上层水域吸氧和休息，不思饮食，所以垂钓效果不会很好。

随着水温逐渐下降，至中秋时分，垂钓就应选择多云天或阴天。深秋时，气温已临近寒冬，鱼类会大量进食，以积蓄脂肪，备越冬之所需。此时的晴天和多云天最适宜垂钓，效果特别好。温差不是很明显的阴天也可垂钓，只是效果差一点。如果既下雨又大降温，这种天气就不宜钓鱼。

秋季，钓草鱼的最好天气仍然是晴天，多云天差些。但因水温逐渐降低，草鱼便逐渐向下层转移，应采用半浮或钓底为好。深秋时节，温度逐渐下降，是不利于钓草鱼的。

 10. 冬季钓鱼特点

鲫鱼是冬季垂钓的好鱼种。适宜垂钓的天气是晴天和多云天，以晴天为好。渔谚说"冬钓阳"，但也应注意，渔谚所说也不尽然。如多日晴朗之后的晴天，表层水温已趋于暖和，鱼的趋暖习性使其游向水上层和浅处，但鱼的具体位置却很难分辨，因此，这时垂钓的收获不会很大。连阴多日气温又稳定的天气，垂钓收获往往并不亚于晴天和多云天。

冬天的雨天最不适宜垂钓，因下雨水体更加寒冷，迫使鱼少食少动，尤其是寒潮侵袭的强降温的雨天，鱼会不食不动，此时，垂钓不会有什么收获。

但是，在大幅度降温之前却是垂钓的最佳时机。寒潮来临前的几日，多是晴朗或多云的天气，气温逐步缓慢升高，当人们感到有些暖意时，即是寒潮到来之前的征兆。这时垂钓，鱼会频频咬钩，收获可喜。寒潮入侵期间是很难钓到鱼的。强寒潮过后 7 天左右，弱寒潮过后 5 天左右，气温才能恢复到正常水平，方可垂钓。

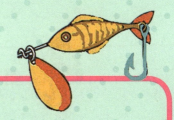

第二章

钓具的挑选与使用

第一节 钓具的挑选

1. 什么是手竿

手竿是指不装绕线轮（也称放线器或鱼线轮）的鱼竿，多用于溪、河、塘、小型水库等淡水水域垂钓。配用的钓线长度一般与鱼竿等长，或略长于鱼竿。手竿具有简单、轻便、好携带、使用灵活方便、造价低、收获量大等优点。缺点主要有二：一是不太适合钓大鱼；二是眼睛易疲劳，下竿后就得目不转睛地盯着浮漂。

手竿按长度分为三种。3米以下为短竿，8米以上为长竿，最长可达13米，介于两者之间的为中长竿。

竿体的软硬程度叫作鱼竿的调性。一般分为软调、中调和硬调三种，各有其优缺点。

①软钓竿：软钓竿柔韧性好，在竿尖受力后，弯马的顶点在距竿尖的2/5至1/2处。它弹性好，受力时竿体变形大，持竿手感极佳，灵敏度强，鱼上钩后不易脱钩，因此趣味性较强。

软调竿拉鱼出水较慢，且强度较差，不适合钓大鱼，不适宜在水草茂密处垂钓。

②中调竿：中调竿的软硬程度适中，弯马的顶点在距竿尖 3/10 处，软硬适中，弹性也好，手感适中，是一种兼用型的鱼竿。中调竿风力大时较难投抛。

③硬调竿：硬调竿竿体硬度大，弯弓顶点靠近竿尖 1/5 处。受力后强度高，变形小。适用于多水草地带或钓鱼比赛用。硬调竿弹性较前两种鱼竿差，钓到鱼时仅竿尖弯曲，抖竿时易于将鱼钩钓牢鱼唇，适于钓大鱼。但是竿体过硬，柔韧性不够，钓到大鱼时容易折断鱼竿。

手竿的长度应根据垂钓水域的特点、鱼的种类与大小以及个人的身体条件与习惯来确定。短竿操作灵活、携带方便，适用于池塘近水钓和溪流钓，适合体弱者使用；长竿适用于远投钓大鱼，竿重易累，多为身强力壮者所使用；中长竿则兼备长竿和短竿优点，施钓范围较宽，很受老中青钓友的欢迎。

2. 什么是海竿

海竿，又叫投竿或抛竿。它在钓竿的柄部装有一个绕线轮，上面缠有钓线，这样，当用力甩投时，就能把饵钩抛到较远的水域，投的距离非常远。这种海竿是从国外传入的，由于它有众多优点，故迅速在国内普及，成为众多垂钓者必备的钓具。

海竿的种类包括远海竿、滩钓抛竿、船钓抛竿、超重型船钓竿、矶钓竿和中通矶钓竿。

远海竿：远海竿是海竿的一种，主要用于海边滩钓，适用于没有礁石的水域，既可用于海水也可用于淡水。

滩钓抛竿：通常由玻璃钢材料制成，长度有 3.9 米、4.5 米、5.4 米等，适用于近海滩钓，对象鱼有比目鱼、鲽鱼、鳜鱼、鳐鱼等。

船钓抛竿：常由玻璃钢和碳素材料制成，钓者位于船上，将钓组抛入急流或深海中守钓，以钓取鲨鱼、金枪鱼、箭鱼等个体较大的凶猛鱼类。

超重型船钓竿：通常由 2 ~ 3 节组成，材料为高强度玻璃钢或碳素材料，调性较硬，线粗钩大，可钓几百千克以上的大鱼。

矶钓竿：常由玻璃钢或碳素材料制成，主要用于钓取海中的鲷类，长度有 3.6 米、4.5 米、6.3 米等，钓线从竿体外导线环通过，使用不当时容易缠挂。

中通矶钓竿：常由玻璃钢或碳素材料制成，主要用于岛礁钓取鲷类鱼，长度有 4.5 米、5.4 米、6.3 米等，钓线从钓竿内部穿过，竿体外部没有导线环。

3. 鱼竿按制作材料分类

现在钓友普遍使用的鱼竿有玻璃纤维竿和碳素纤维竿两种。

①玻璃纤维竿：玻璃纤维竿是用玻璃纤维和树脂制成的鱼竿。这种鱼竿坚固耐用，可伸可缩，使用方便，弹性也好，有韧性，价格不高，是当前普通垂钓者广泛使用的鱼竿。根据使用者的不同需求，玻璃纤维竿有长竿、特长竿和袖珍便携式竿三种。长则 10 多米，袖珍式收缩后长 40 厘米左右，携带非常方便。

玻璃纤维竿的性能是韧性好，承受的拉力大，而且不导电，价格也比碳素竿便宜，但是同碳素竿相比，同样长度的玻璃纤维竿比碳素竿重得多。专业钓友多使用碳素竿。

②碳素纤维竿：碳素纤维竿是从 20 世纪 90 年代开始生产的一种鱼竿，其材料主要成分是碳纤维。碳纤维竿的特点是轻，其重量约为玻璃纤维竿的 1/2，而且强度高。不足之处是该竿导电，垂钓时若遇雷雨天气极不安全，若竿体触及高压线更危险，因碳素竿触电而出现的伤亡事故经常会发生。此外，其价格较玻璃纤维竿高。

碳素纤维竿虽然强度高，但质脆、韧性不足、易折断，这也是碳素纤维竿的另一个不足之处。

4. 按照软硬程度分类

按竿的调性可分为：软竿、中硬竿、硬竿。

竿的调性就是竿的软硬程度。指一支完全展开的竿，在尾节保持斜向上的状态下，竿梢挂上一定的重物，然后看竿体出现多大的弯曲度。弯曲度越小的钓竿，调性越硬。

软竿指从竿尖到竿体弯点的长度和竿底到竿体弯点的长度比为4/6、5/5的钓竿。其弯曲部分从竿尖起可达竿体中部，具有轻盈、柔韧、弹性好、不易跑鱼、灵敏度高、通体受力均匀、有较好的钓力、抛投省力等特点。适宜于钓中小型鱼，多用于初春、深秋时节，也适合中老年及体弱者使用。缺点是遛鱼时略显无力，不利于主动领鱼。对初学者来说，不好掌握，也不宜在水草茂密处垂钓。

中硬竿指从竿尖到竿体弯点的长度和竿底到竿体弯点的长度比为3/7的钓竿。该竿软硬适度，强度好，弹性亦好，调性及手感适中，鱼上钩后竿尖反应灵敏，适用于任何垂钓水域和钓法。

硬竿指从竿尖到竿体弯点的长度和竿底到竿体弯点的长度比为1/9、2/8的钓竿。该竿强度大，竿身挺拔有硬度，具有较强的钓力。在钓到鱼时仅竿尖弯曲，在抖竿时易于将钓钩刺于鱼唇。适宜比赛、钓大鱼和定位浮钓中上层鱼，多用于夏日。缺点是灵敏度低，竿体过硬，需有较好的体力抛投，钓到大鱼时抬竿过猛易断竿。

重点提示

钓竿按照其调性分为二八竿、三七竿、四六竿。所谓二八竿，即把全竿的总长度分为十份，然后平举在空中，观察从哪一部分开始弯曲，若是从竿梢后的五分之一处弯曲，其余的五分之四不弯曲，这就是二八竿。二八竿属于超硬钓竿，三七竿属于中硬钓竿，四六竿的硬度就差一些。

5. 怎样挑选鱼竿

　　为了避免误买假冒伪劣鱼竿，买时首先应仔细观察竿的外观，看是否有光泽，做工是否精细，再拉开各节，看接口是否厚薄均匀，插头部分是否有裂缝。

把全竿伸直，握竿几下，看竿的强度、韧性如何。再看鱼竿上的商标、图案、文字是否清晰。正规厂家生产的鱼竿上（或外套上）标明有质量认证标志。这种认证是国际标准化组织发布

的评价企业质量能力的系列标准的一种。

　　鱼竿的质量良莠不齐，市场上以次充好、以劣充优的现象十分普遍。碳素竿价格较高，应到正规商店购买，以免花了高价钱买个假冒伪劣产品。买鱼竿时应考虑得多一点。首先从竿的重量上辨别是碳素竿还是玻璃纤维竿，碳素竿的重量多半是同长度的玻璃纤维竿的重量的 1/3 ～ 1/2。如 3.6 米长的碳素竿重量仅 60 克左右，而同等长度的玻璃纤维竿重量多在 150 克左右。另外，注意长度是否够标准。如竿上标明是 6 米，可能实际长度比标明的长度要少 30 ～ 50 厘米。还应测试其落地声。将两种竿全抽开成单个，选其中较粗的几根，竖着轻轻落地，碳素竿发出的声音清脆，玻璃纤维竿发出的声音较沉闷。

另外，应尽量去一些大型的证照齐全的渔具店买竿。这些大型渔具店信誉一般高于小店。大型渔具店售后服务也好，竿子若有破损，可以去店里修复或重新配置。

高质量的鱼竿做工精细，表面光洁度好，商标、文字印刷得清晰。

质量差的鱼竿做工粗糙，商标文字印刷得模糊，色彩晦暗。

检查鱼竿时应注意三点：一是将竿把后面的堵头拧掉，逐节抽出竿，看竿壁的厚薄是否均匀，其厚度越厚越好；二是看两节连接部分有多长，相接部分越长越好；三是将各节竿全部拉出，举起抖动，听是否有响声，好的竿应浑然一体，不应有响声。

6. 鱼钩的特点

钓钩也叫鱼钩，是钓具中最关键的部分，其种类有很多。由于国内外对钓钩的生产没有统一的规格和标准，目前在市场上出售的钓钩在品牌、规格、钩的命名方式上都不同。例如，有的以人名命名；有的以地名命名；有的则以钩形状命名；还有的以钓什么鱼来命名等。又如，钓钩的大小虽都是以编号来区分，但这些编号实在叫人摸不着头脑。有的号大钩亦大，有的则正好相反，号愈大而钩愈小。再如，钓钩的形状更是五花八门：钩柄有长有短，钩门有宽有窄，钩尖除有长短之分外，还有正有偏，有的钩尖外翻，有的内扣。有的钩带倒刺，有的钩无倒刺。再以钩柄来说，有的柄端扁平，有的柄端带圈，有的呈曲线形，有的钩柄上还带着一个铅坠。钓钩除普通的单钩之外，还有背靠背的连体双钩及一长一短的高低连体钩，甚至有同轴的三角锚钩至五角锚钩等。但是，有一点是可以肯定的：这些形状各异的钓钩，绝不是图新奇为观赏而制作，它是根据垂钓中某些特殊需要而精心设计的。如带倒刺的长柄钩，为了装饵时不易脱落；钩柄呈曲线及带圈的是为了拴钩牢固；连体钩和多角锚钩都是考虑能从多个角度上鱼。因此，在使用钓钩时要了解其特点。

7. 鱼钩的结构

一般可分为钩门、钩尖、钩深、钩弯、钩柄、钩尾六个部分组成，每个部分都有其特定的功能。

钩门也称钩口，是钩尖到钩柄之间的距离。一般来说钩门宽窄与钩型大小是成正比的，钓钩越大一般钩门越宽。宽钩门

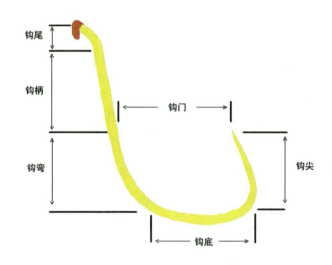

的钓钩适合钓嘴大的鱼，窄钩门的钓钩适合钓嘴小的鱼。

钩尖是刺鱼的尖刀，它锋利，易刺入鱼体。秃钝的钩尖是无法将鱼钩牢的，但钩尖若过于锋利，一旦碰到水草等物很容易被钩住，而且穿蚯蚓也较困难。钩尖的长度与倾斜度和刺鱼的可靠性密切相关，钩尖分为内弯形、外弯形、扭弯形 3 种。

有的钩尖内侧有倒刺，倒刺是钩尖下部处制作的岔口，是用以防止钓到的鱼逃脱和阻止饵料脱落。倒刺的长度和张角应适中，倒刺过长和张角过大则不易穿透鱼嘴，退钩也麻烦。反之也不可过小，否则

容易使鱼脱钩和丢饵，失去倒刺的作用。倒刺在钩尖的1/3处比较合适，有倒刺钩的穿刺速度不及无倒刺钩，不过一旦被刺中，鱼将很难挣脱。

钩深是钩弯底部到钩尖的深度，它可以分担鱼对钩尖的拉力。钩深的深浅也很有讲究，过深鱼难以吞入口腔，太浅容易造成跑鱼。

钩弯，指钓钩的弯曲部分，主要作用是能将鱼牢牢地钩住，同时可以在一定程度上减轻鱼对钩的拉力。钩弯会因钩形不同而有差异，有圆形、方形、流线形、下斜形等，角度设计合理的钩弯能增强钓钩的抗拉强度。

钩柄也叫钩把，是从钩尾到钩弯处的一段，上端用于绑线。钩柄有长有短，长钩柄适合挂蚯蚓、虫等长形饵，多用于垂钓吞食凶猛的鱼类。钩柄长可使钓钩刺得更深，且不易跑鱼，又方便摘钩。用面饵、米饭粒等小颗粒饵施钓，宜选用短钩柄的钓钩。

钩尾又称柄头，是指钩柄的上端部分，它唯一的作用是防止绑好的鱼线滑脱。钩尾有圆形、平板形、撞木形、矛尖形、倒形、钩形、锯齿形、圆环形等多种形状，都要求其厚薄均匀，边缘应有一定厚度，如果薄似刀口，就会将鱼线割断。

8. 鱼钩的种类

按钓钩长短和形体可分为长柄钩、短柄钩、串钩、爆炸钩、朝天钩、三角锚钩、假饵钩等。

长柄钩的钓柄长度约为钩尖至钩弯长度的二倍。主要用于淡水水深2米以上、海水水深50米以上的深水垂钓。长柄钩具有不易脱钩的特点。

短柄钩的钓柄长度约为钩尖至钩弯长度的一倍。主要用于淡水水深2米以下、海水水深50米以下的浅水垂钓。由于短柄钩钩柄短，装饵后不易露出钩柄，上钩率比长柄钩高。

串钩又叫葡萄钩、蜈蚣钩。它将钓钩拴成一串，故而得名。一般用3～5枚钓钩拴结于主线上，多用于海竿甩投。由于各钩相隔一定距离，故落水后处于水体不同层次中，可钓不同水层的鱼类，提高了上钩率。串钩由于钩子较多，且上下拉开距离较长，因此，在甩投时要特别注意，以免钓钩钩住身体。

爆炸钩由1个线绳较长的主钩和若干个线绳较短的副钩组成的钓组。使用锦纶编织线作为子线，主要用于在空旷无杂草、水下洁净无乱石及无其他障碍物的湖泊水库等面积较大水域里，钓取个体较大的鱼类。爆炸钩钓饵入水后3～5分钟后，饵团会膨胀。当鱼吞食饵团时，钓饵进入鱼嘴。鱼越挣扎，钓钩就会钩得更紧。炸弹钩的设计旨在提高钓鱼的效率和成功率。它的特点在于拥有多个钓钩，数量可以从4枚到12枚不等，其中6～8枚最为常见。这种设计增加了中鱼的机会，因为多个钩子可以同时或分别吸引不同鱼类咬钩。

重点提示

朝天钩也称立钩、砣钩，它的特点是钩坠一体。铅坠位于钓钩的钩尾上，形状是椭圆形，中间有一槽，做拴结鱼线用，也有用铜皮包铅焊制。钓钩入水后，在浮漂的浮力作用下，钩尖会向上，高于水底下的平面，不易被淤泥或水草遮盖，有利于鱼的咬钩，上钩率较高，且大小鱼皆可钓取。在我国长江流域一带极为盛行。

9. 怎样挑选鱼钩

购买鱼钩时，应准备购买多种型号的钩，长柄钩、短柄钩都必须买，然后分别系好子线，以便随时更换。

购买鱼钩应根据自己的需要认真挑选。一定要买正规厂家生产的。大厂家生产正规，技术含量高，质量过关。非正规小厂生产的鱼钩质量难以保证。

购买时要看钩是否结实、坚韧。测试时，可用一只手的手指捏住钩尖部，用另一只手的手指捏住钩柄向外用劲，看钩尖部是否有明显变形。若变形，说明此钩不结实，强度小；若拉不动，或微微有些拉动，说明质量好，耐受力大。

还应看钩尖是否锋利，倒刺部分的长短是否合适。因为倒刺长，鱼不易脱钩。但过长，取钩也不方便。有的钩没有倒刺，为的是取钩快捷，而且不伤鱼，能提高钓鱼速度。所以，参加以钓鲫鱼为主的竞技比赛，应选用无倒刺钩。

要看钩尾是否宽厚。钩尾，即钩柄末端宽而扁的部分。钩柄是拴子线用的，钩尾宽厚，易结线且不易脱线，钩尾的粗细与钩柄的粗细一样，鱼线容易脱落。钩尾还应厚一些，若过薄，由于使用时有拉力，钩尾会磨断绑钩线，使钩脱落。

市场上还有一种荧光钩，又叫"夜光钩"，荧光钩在光线暗时会发光。制作荧光钩时，先在其钩柄的末端系好鱼线，再在结了线的钩尾上滴一团磷，磷在黑暗中会发光，用来诱鱼。在水深、晚上垂钓时使用荧光钩效果较好。

10. 浮漂的功能

浮漂也叫浮子、鱼漂、浮头、鱼标。它是一种信号标志，大凡垂钓水域的深浅、水底地貌、鱼类拱饵和吞饵的情况，甚至鱼一进入窝点，信息都可以通过鱼线传到浮漂，从而为钓者提供了最佳的提竿时机。同时，它也是控制鱼钩在水中悬浮位置的重要配件。

浮漂一般用比较轻的材料制作，如竹、木、鸡毛管、鹅毛管等。目前市售多为泡沫塑料或塑料空心球等。浮漂的种类、形状、颜色可以说是五彩缤纷。浮漂的作用有以下几点：

（1）传递信息

传递鱼吞饵的信息，这是浮漂的最主要的功能。鱼在触碰、拱嗅和吞食饵钩时，这些信息会立刻灵敏地反映到浮漂上，钓者便可及时了解鱼的吃饵情况。

（2）饵钩定位

鱼种不同、水温不同、气候不同，鱼游弋的水层也不同。由于浮漂有一定浮力，可调整浮漂与铅坠间的配重关系，使饵钩处于所要垂钓的水层。

（3）显示饵钩的位置

饵钩入水后处于哪个位置，浮漂会很醒目地显示出来，便于判断饵钩是否抛投在窝点。

鱼的种类和大小不同，其摄食特性不同，反映在浮漂上的变化也不同，可根据浮漂的不同反应来判别。一般来说，鱼的个体越大，其吞食食物的力量就越大，这更容易打破浮漂与铅坠之间的重力平衡，使得浮漂发出的信号更加强烈。

11. 浮漂的种类和形状

根据不同的垂钓方法，垂钓者往往选用不同形状、质地、大小的浮漂。浮漂的形状多种多样，大约可分为立式浮漂、卧式浮漂、球形浮漂、线浮漂和特种漂五类。

（1）立式浮漂

形状最多，主要有棒形、纺锤形、圆形、陀螺形、辣椒形、长形、伞形以及专为夜钓用的荧光漂等。这些立式浮漂形态不同，漂尖露出水面，只要鱼吞饵，浮漂即会灵敏地显示信息，尤其

适用于老年钓友和视力差者使用。

（2）卧式浮漂

使用时呈横卧状，不怕风浪。鱼咬时，浮漂即斜立或直立起来。

这类浮漂多为椭圆形，适用于风浪较大的钓点。

（3）球形浮漂

有圆形和枣形两种，其特点是浮力大，常用于浮钓中上层水域的鱼类，适宜于水流缓慢的水面。

（4）线浮漂

亦称多体漂、七星漂、蜈蚣漂等。这种浮漂主要用在水草繁茂、有礁石、沉桩等障碍物的小河或静水池塘中。使用这种浮漂，根据水的深浅配漂很方便，当水的深浅变化时，只要不超过首尾两漂的距离，不必去调整水线，仍可垂钓自如。

（5）特种漂

如适用于夜钓的夜光漂、鱼吞饵时能改变漂体颜色的电子感应漂等。

12. 怎样挑选浮漂

一支好漂是由所用材料、设计和制作工艺三者组合而成，而这三者又相互关联，缺一不可。现在用来做浮漂的材料很多，有禽羽、塑料、木材等，甚至用麦秆也可以做浮漂。有些浮漂看似质材不高，但经过精工细作后也能成为一支好漂。

浮漂的价格档次拉得很大，有几角钱一支的便宜漂，也有几百元一支的高档漂。那么是不是价格愈高质量就愈好呢？也不尽然。只要这支浮漂漂竿正直，油漆色彩明亮，不渗漏，反应灵敏，就称得上是一支好漂。

有些浮漂外表美观，但在调试时铅坠调轻了漂尖浮出老高，加重时又立即沉没，微调的性能差，这种浮漂不适宜用于垂钓小鱼或在春秋低水温条件下使用。

现在市场上浮漂的花色品种甚多，而且还出现了许多有别于传统的新式浮漂，如以前的浮漂，其漂尖的基本色调是以红为主色，现在竟有以绿为主色的浮漂，这种绿尖漂在天空光亮度适宜的时候非常显眼，观察时眼睛很舒服。还有一种适合弱视力者使用的漂尖为三角形的浮漂，就是在细漂尖上加三片小塑料片，使之呈炮弹的尾翼状，从任何方向观察，都能看到它最宽的方向，使漂尖增大了许多，这对视力不佳者来说，非常适用。这种漂所用的材料及工艺设计，并不增加多大浮力，仍有较好的灵敏度。还有的浮漂采用了新的油漆，入水后有增大视觉的效果，有人称为"爱眼漂"，等等。

由于有以上各种不同的浮漂，所以在选购时不要唯贵唯新，一定要以自己的视力为依据，从使用的实际需要出发，选购最适合自己的浮漂。

13. 鱼线的种类

鱼线亦称钓线、钓鱼线，包括主线和子线两种。主线是连接鱼竿和绕线轮的线，子线是绑鱼钩的线。主线通常比子线要略粗一些，而子线要比主线柔软，透明度高一些。

常见的鱼线种类有以下几种：

（1）锦纶线

这种线又称降落伞线，有白和草绿色两种。其优点有拉力强、柔软性好，入水后不弯曲，不易老化，非常适宜冬天使用。缺点有淋水性差、目标大，灵敏度不如尼龙线。

（2）尼龙线

尼龙线是垂钓的主要鱼线，分无色和多种单色。其优点有拉力强，韧性好，性能稳定，不吸水，不易卷曲，重量轻，透明度好，隐蔽性强。缺点有伸缩性较大，伸缩率为 2%～5%，随气温的下降而变硬，打结后强度会降低，受硬物挤压后会变形或出现硬伤，易折断，使用时间长了会老化，变黄变脆。

（3）多股尼龙线

由多根尼龙线捻合而成。其优点有强度大，柔软，耐磨性好，柔韧性好，伸缩性小，不怕挤压和折叠。缺点有不透明，弹性较差，在水中阻力大。

（4）金属线

由铜丝或不锈钢丝制成，通常为单股的或多股捻合而成，用来拴鱼钩和连接鱼线，其长度一般为 30～40 厘米。多用于垂钓凶猛鱼类，如带鱼、鲨鱼等。

（5）贝克力火线

贝克力火线是采用目前世界上最强的纤维，以贝克力公司独有的融合技术多股合成的鱼线。其优点是不吸水，不伸缩，有相同线径尼龙线 3 倍的超强拉力和 10 倍的耐磨性，具有超低记忆性，即使缠结，只需轻轻一扯，即可恢复原状。缺点是价格贵，同时由于没有伸缩性，上鱼时不可用力提竿，否则会伤及鱼竿。

14. 怎样挑选鱼线

现在钓鱼一般用的都是尼龙胶丝（锦纶）线。这种线作为钓鱼线有其独特的优点，其强度比棉纤维高 2 ~ 3 倍，耐磨力比棉纤维高 10 倍，富有弹性和柔性，能够承受较强的冲击力，具有缓解上钩鱼挣扎的作用，光滑、挺拔、不易打结，还有耐腐蚀、不吸水、在水中阻力小等优点。

选钓鱼线时要兼顾规格、颜色和质量这三个方面。首先要定规格：尼龙丝的规格有两种说法，一种是以直径为标准，即通常所说的 0.3 线、0.4 线，就是指线的直径为 0.3 毫米或 0.4 毫米；另一种是以线的拉力单位来称呼，即所说的 8 磅线或 10 磅线，是指这种线的拉力为 8 磅或 10 磅。选择鱼线，主要着眼于它的拉力大小。

究竟使用多粗的线合适？海竿比较简单，而手竿选线则因季节、水环境和欲钓鱼种而有所区别。一般说来，初春、深秋和初冬时节，因水温较低，鱼的活动力减弱，上钩受伤后的挣扎力也受到一定的限制。又因这时多是用软竿钓鲫鱼，所以用线宜细不宜粗，选用 0.25 ~ 0.3 毫米的即 4 ~ 5 磅的线就可以了。细线不但灵敏度高，而且在水中还不易被鱼发现。

其次要考虑鱼线的颜色。当前流行的尼龙胶丝线，有透明白、乳白、淡黄、杏黄、浅灰、草绿色和红、黄、绿相间的花线。选线应根据水质透明度和水环境而定。水质较清可用透明白色或灰色；较深则宜用乳白色；在多草的水域，应用草绿色或多色花线。总之，以力求使线的颜色与水质自然接近，不易被鱼发现为原则。实践证明，草绿色、浅灰色和花色的鱼线适应性广泛，在大多数水域显示出良好的效果。

质量检验主要靠眼观和手试，看其外表有无伤痕劣点；拿到手里捻一捻是否圆滑；抻一抻看弹性如何，有无老化变硬现象；撸一撸看看是否均匀。必要时可做破坏性试验，即用手拉断，看其承受力如何。

自仲春至初秋，气温和水温都比较高，鱼在水中的活动范围和活动量都相应增大，上钩后受伤挣扎的力量相对提高，此时不仅鲫鱼上钩，而且鲤、草、青、鲂等大型鱼类也相继上钩，故选用 0.3 ~ 0.4 毫米，即 5 ~ 10 磅为宜。如有偶遇大鱼的可能，可酌情再加粗些。

海竿因绕线轮有拽力装置，它可缓解鱼线受力强度，故用线粗细不受水温和鱼种限制。而是根据所需长度和卷线盘的容量一定规格：在甩钩前，把鱼线经出线环拉出，一面用力拉线，一面左旋（由强至弱）拉头旋钮。假如鱼线拉力为 4.5 千克，那么拽力强度定在 3 ~ 3.5 千克较为合适，余 1 ~ 1.5 千克的拉力可做保险系数。这样再当鱼线受力达到 3 ~ 3.5 千克时，卷线盘即自行反转放线，从而起到缓解拉力、避免断线的作用。拽力调好后，在垂钓过程中还应勤检查，发现强度有变化应及时调整。

15. 什么是打窝器

打窝器是一种专门用于钓鱼的辅助工具，它的主要功能是将诱饵准确地投放到选定的钓点，以吸引鱼类聚集，从而提高钓鱼的成功率。打窝器的设计旨在帮助钓友更有效地进行"打窝"，即通过投放诱饵来吸引鱼群，使其集中在特定的区域，以便更容易地钓到鱼。

打窝器的种类繁多，包括但不限于打窝勺、打窝袋、球式打窝器、抛投式打窝器和打窝船等。这些不同的打窝器因其结构和用法不同，诱聚效果也有所不同。例如，打窝勺和打窝船的使用相对简单，而球式打窝器和抛投式打窝器的使用则相对繁琐一些。如何选择合适的打窝器取决于钓鱼的具体环境和个人偏好。

打窝器的使用不仅限于专业的钓鱼活动，对于钓鱼爱好者来说，掌握如何使用打窝器也是提高钓鱼技能的一部分。通过不同的制作方法和使用技巧，可以进一步提高打窝的效果，比如在制作卫生纸打窝器时，通过将诱饵放在

纸中，然后用钓钩钩住，再轻轻提至钓点水面，卫生纸遇水即会破裂，此时只需一抖就能将诱饵抖入水中。这种简单的方法适合钓鱼新手尝试，通过实践和学习，钓鱼新手也可以成为钓鱼高手。

第二节 钓具的组合使用

1. 使用鱼竿注意事项

（1）用后擦洗干净

钓竿外面都有一层涂料，在沾上水后要及时擦干，否则容易脱漆，若竿壁内侧长期处于湿润状态的话，钓竿的使用寿命就会大大减少，因此，让竿体保持干燥是十分必要的。每次钓完鱼后，要及时处理鱼竿上的污物及水珠，若有时间的话，可将各节晾干后再收竿、套竿。

回到家以后，若感到鱼竿还不太干爽，就将每节竿抽出，分别晾干，再进行封盖。套放后也不要盖上上面的一头，以方便让鱼竿内部通风。

（2）"丢卒保车"

钓鱼时常常会遇到钩在水中被挂住，怎么拉都无济于事的情况。这种情况下应采取"丢卒保车"的办法。尽量将竿梢前面的鱼线绕到竿子上，转动竿体，尽可能多缠绕一些鱼线，再将鱼线拉断，使得鱼竿完好无损。

（3）防止竿折

垂钓时要察看岸上的环境，钓位应选无障碍物的地方。若钓位附近有密集的树丛、竹丛或刺条，会影响伸竿收竿，也易挂线。

鱼钩上有鱼时，初学钓鱼的人往往沉不住气，手忙脚乱，在鱼钓上岸后只顾去摘鱼，忽视了地上的鱼竿，常常踩裂鱼竿。正确的方法是将鱼从水中慢慢提上岸，先把鱼竿架到支竿架上再取鱼，这是钓小型鱼的做法，如钓鲫鱼。若是钓到了大鱼，要正确遛鱼，应注意始终使竿与线形成一定的角度，也就是使竿成弯弓的样子，不能使线与竿成一条直线。钓鱼者通常把线与竿成直线的现象叫作"拔河"。

（4）防止挤压磕碰

碳纤维竿质地较脆，柔韧性较差，因此要防止挤压，避免竿体破碎。

有些钓鱼者在取鱼时，稍不注意就会一手握住竿梢部分的前两节，一手抓钓线取鱼。这种做法很容易使竿梢部分受力弯曲，若弯曲过度容易折断。正确的做法是握住竿的中后部，如果钓的是小鱼，就直接将鱼提上岸，钓到大鱼时应用抄网，或请钓友帮助抄鱼。

重点提示

将鱼竿买回来以后，可用胶涂在竿梢与软带的连接部位，增加软带与竿梢粘接处的牢固度。竿梢又尖又硬，为避免软带磨损，可用胶在竿梢顶端前面的软带上涂抹，所涂区域长度约1厘米。涂抹后的这段软带变硬，使其承重力前移，避免了竿尖对软带的摩擦。这是保护软带的一个用之有效的好方法。

2. 拴扣的方法

在钓具安装中，时常要拴结各种结扣，由于尼龙线很光滑，若拴结不好，则易于跑鱼，或损失钓钩、铅坠等。常用的结扣分以下两种。

（1）活扣

活扣是一种能根据需要可随时打开的结扣，常用的有以下三种。

①8字扣，将鱼线对折成双线，线头穿过环圈，再拉出要超过拴8字扣长度，用其双线拴成8字扣，再拉紧即成。

②螺旋扣，先将鱼线叠成环圈，再将线头穿过环圈4～5厘米，绕鱼线4～5圈，然后把余下的线拉向环圈处，在环圈中把线头对折成一个套，然后拉紧鱼线，使套紧夹在里面。

③拴牛扣，先叠成环圈，再把线头穿过环圈，一手捏线头，另一手绕线头1圈，从穿环的鱼线中拉出，再穿入这个圈中，最后从穿入方向返回留一个套拉紧鱼线即可。

（2）死扣

死扣是一种在受力后反而越拉越紧的结扣，常用的有以下几种。

①猪蹄扣，先绕成环圈，将线头穿过环圈，连绕2圈，再将线头在两圈中间和线的另一端相互交叉成十字形，再在线上结一个普通套扣即成。

②重复扣，将两线平行，双根并绕成普通扣，再重复两三次，相互拉紧即成。

③单套插头扣，先绕成环圈，另一端在环圈内通过一个圈成普通扣，再把手指伸入小圈，另一只手拉紧两线，最后把拴有死结的鱼线或金属环插入其中，拉紧即成。

3. 拴鱼钩的方法

绑钩要牢固，结要小而且能充分发挥钓钩的作用。绑钩方法很多，主要的有如下几种。

①环状双线绑钩法：把鱼线弯成环状，用左手拇指和食指捏着线和钩柄。长线在钩柄里侧，另一线头在钩柄外侧。两根线头不动，用右手的拇指和食指压住环由钩柄自上而下绕 3 ～ 5 圈，注意每次都需将短线头绕在环内。然后将短线头穿过环孔向下拉，长线头向上拉，把剩余的环线拉紧在钩柄上，最后剪掉短线头。

②单线绑钩法：左手食拇指捏着钩柄和线。线在钩柄内侧，线头留出 15 厘米左右。用右手拿着短线的头由钩柄自上而下绕 3 ～ 4 圈，将剩余的线头从线的弯曲处穿过，然后将长短线拉紧，剪掉剩余线头即可，如是锦纶线可用烟头烧一下。

绑钩方法还有多种。不论怎么绑，绑钩线的粗细都要与钩的大小、钩条的粗细配比得当，要注意使拴钩线处于钩柄内侧。

4. 手竿与钓线的连接方法

手竿的竿梢尖端一般都有一个绳套，可直接把钓线穿过绳套缠在竿体上，缠线长度约占钓竿的三分之一，这段缠杆线俗称护竿线，可起保护竿尖及以下几节不被大鱼拉走的作用。最后将缠线板固定在竿体上。

如钓竿尖端没有绳套，可在尖端装一小段 1 ~ 2 厘米的气门芯（起防止钓线滑脱作用），再把钓线连在气门芯上。

连接方法是根据竿的长度、水的深度、钓法及鱼类等留出相应长度的钓线，结两个活节套在气门芯上，拉紧活节。收竿解线时，只要用手推动活节，就可以取下钓线。

玻璃纤维竿，尖端有个小型纤维环（或金属环），连接方法用 8 字扣连接即可。

5. 浮漂与钓线的连接

单体浮漂尾部有插接竿的可把橡胶管或气门芯套在钓线上，然后把插接竿插入橡胶管或气门芯。垂钓时，随着水的深浅上下调整浮漂到适宜的程度。

①单体浮漂用线和钓线的连接：一般漂体较大、尾部有一圆孔或金属环的浮漂都用此法，先将一根尼龙短线叠成双线，形成一个线套，将线套从浮漂尾圆孔或金属环穿过去，再将两根线头从穿过去的线套中间拽过来，在靠近线头处打一死结，然后用钓线在选定固定浮漂的位置上绕一个双环活结，再将打好的死结放入此双环活结中，拉紧钓

线使浮漂固定。

②单体游动浮漂与钓线的连接：游动浮漂是指可沿钓线上下滑动的、漂尾有金属环的大中型浮漂，这种漂适宜浮钓中上层鱼。它与钓线的连接方法是把一个直径5～10毫米的塑料小球穿在钓线上，再将钓线穿过漂尾金属环或球形浮漂的通心孔，下面是铅坠和饵料，上面是塑料球，用线绑一死结避免塑料球往上移动。而浮漂可在铅坠与塑料球之间滑动。浮漂上下滑动的位置是根据浮钓或底钓的水深而定的。这种连接的优点是在抛投钓组

时可以最大限度地缩短浮漂与铅坠之间的距离，投甩起来极为方便。钓组入水后浮漂靠其浮力沿钓线浮上水面。

③多体浮漂与钓线的连接：多体浮漂即线浮漂或蜈蚣漂。它是将1～1.2厘米长的羽毛翎或小椭圆塑料通心球穿在钓线上组成的。穿结时如发现羽毛翎或通心球与钓线连接较松，可加竹木屑塞紧或用线固定。

 6. 钓线、浮漂、铅坠的组装方法

组合成一套适合于垂钓的钓组，一般要根据垂钓的水域、鱼的种类和钓场的具体条件来决定。

①坠下钩的装配：是手竿垂钓的主要方法。既可以进行底钓，又

可以浮钓不同层次的鱼。

②坠上钩的装配：适用于水底淤泥较厚的水域中底钓，也适用于浅水装活饵（小活鱼等）进行浮钓。既可以用单钩，也可以用双钩和多钩。

③坠下钩和坠上钩混合装配组合：适用于水底有障碍物的水域垂钓，也适用于堤坝钓和船钓。

④手感钓的装配组合：适用于流水水域进行垂钓。可用单钩、双钩或多钩，安装活饵或假饵，垂钓中上层水域食肉性鱼类。垂钓时不断抖动竿梢，诱鱼上钩。

⑤模拟饵、诱饵与毛钩混合装配组合：适用于垂钓鲢鳙等鱼类。垂钓时先投撒诱饵，鱼聚集争饵时，不时地抖动竿尖，凭手感垂钓。这种钓法不是鱼咬钓饵，而是毛钩主动找鱼。

7. 海竿的装配组合

依据绕线轮的蓄线量，把叠好的钓线缠在绕线轮上（松紧要适度）。把绕线轮支脚固定在海竿底把的固定卡口上（注意出线口要正对前方）。把钓线穿过瓷制或金属制的导线眼后，再穿过选好的通心孔铅坠，然后拴在卡口上，把上好饵料的炸弹钩或串钩通过连接具（卡子）与钓线连接。当鱼吞饵时，由于铅坠是活动的，所以吞饵动作主要作用在钓线上，反映到竿梢处。垂钓者可以根据竿梢的信号及时起竿。

海竿活坠通过浮漂的作用可以进行浮钓。装配方法是依据垂钓的水层、水深等情况，把浮漂固定在通心坠下面、鱼饵上部，但浮漂到鱼饵的距离不可太大，否则给甩钓饵造成困难。当把饵料甩到钓点后，通心孔坠沿钓线滑落水底，起固定漂饵的作用，垂钓者只要把钓线略微绷紧即可。当浮漂下沉时及时起竿即可。

8. 五种抛竿方法

（1）坐姿荡抛法

垂钓者稳坐于钓箱或小凳上，一手持竿，另一手捏住铅坠向一侧牵拉，竿指向空中（约与水成45°）。靠竿梢的绷弹力配合另一手的送力将钓饵抛至最远点，钓友们称为"抛满竿"。待浮漂翻身立直、下沉时，轻轻抬起竿把并向后轻拉，将浮漂与竿梢间的鱼线压入水中。这样可防止风浪把鱼线吹动而使钩线移位，还能早知道鱼汛。这是最普遍的抛竿法。

（2）立姿抛法

身体自然直立，两脚分开在钓箱两侧，持竿方法与坐姿荡抛法相同，抛出时靠手臂、手腕和腰部合力，结合竿子弹性，把钓饵送向最远点，而后坐下来，压水线，此方法除初学者常用外，钓友在顶风钓及用长竿钓时也采用。

（3）顶风横竿抛法

平时垂钓，常碰上4级以上大风的天气，这时坐抛法就很难将钓饵送到位，而横竿抛法练熟了，可竿竿到位。要点是做到两个"平行"：竿靠近水面，与水面平行；竿还要与垂钓之岸基本平行，身体转向拿钩一侧。用力与上述两种抛法相同，两手配合，将竿平行于水面抛向钓点。因为水面风力相对较小，阻力也小。

（4）反手弹抛法

适用于顶风和侧上风时。右手持竿时，将竿指向左前上方，拿坠之手放于右边腋下，靠竿子弹力，顶着风把钓饵抛向钓点。

当遇上 5 级以上大风，前几种方法都不能将饵抛准点时，只能采用劈抛法。右手持竿，高举头顶，竿梢受左手拉力向后指，身体正对前方，靠手臂的下压力把钓饵抛向钓点。此法坐、立姿都可操作，与传统钓中的"甩大鞭"抛竿法很相似。

9. 立式浮漂的使用方法

浮漂的漂尾上有一段一段的颜色称之为"目"，主要起到标记长短的作用，由最顶端至漂身分别称之为 1 目、2 目、3 目……不同钓法所用的浮漂目数的多少和大小也不相同，这都取决于钓法和钓鱼习惯。下面介绍一些立式浮漂的使用方法。

（1）浮漂的调整方法

调 4 目钓 2 目钓法浮漂的调整。先将浮漂移向钩坠处（要求距离短于水的深度约 30 厘米），这时超重的铅坠会将浮漂全部压入水中。此时逐步去掉超重的铅皮，让浮漂露出水面 4 目。此时，双钩与坠均离底悬于水中。这时空钩调浮漂已完成。垂钓时，将两粒正常垂钓标准的鱼饵装上钩，放入水中待饵到最低点，坠悬空的浮漂又被压入水中，然后只要将浮漂向上移，直至露出水面 2 目就可开始垂钓了。设想一下，待双钩上粉饵化散完时，浮漂又会回到开始时的 4 目露出水面，这时你就知道钩上没饵了。

调 0 目钓 2 目钩法浮漂的调整。这是一种新调整浮漂法。调整时浮漂与钩坠的距离，小于水深，坠的重力要超过浮漂的浮力。其不同之处是，调浮漂时钩上要装上两粒（也可一粒）同样大小的饵粒。饵粒要求黏一点，不能一入水就化散，否则调不准。然后不断调整超重的铅皮，多次反复，直至看到浮漂尖与水面齐平。垂钓时，只要看到浮漂尖露出水面 2 ~ 3 目就可以。这种调法要求装钩之饵在调浮漂和垂钓中均要大小均等，对初学者而言有一定难度。

不带钩调浮漂。这是近几年推出的又一种方法。第一步与前两种调法一样，只是坠下不挂双钩，让超重的坠将浮漂压沉于水中，而后逐步去掉超重之铅皮，直至浮漂尖露出水面 5 目。接着挂上双钩，看浮漂露出水面几目。如是 3 目，那么垂钓时可从"钓 3 目"开始，视情况再调整钓目。

（2）软尖浮漂与硬尖浮漂的取舍

软尖浮漂、硬尖浮漂各有所长。软尖浮漂的特点是：浮漂尖是一个空心的塑料管，与浮漂身连接后构成了一个封闭的浮漂尖内腔，从而使浮漂尖也具有一定的浮力。这类浮漂稳定性好，较适合于底钓，特别是在缓流中，浮漂尖的上浮力能带动钓饵在水底慢慢移位而诱鱼咬钩。

硬尖浮漂是由实心尼龙棒制成。硬尖浮漂长 10 厘米，可加长至 20 厘米，多至 18 目。硬尖浮漂入水后很快尖子离水，浮漂翻身直立，使钓饵快速到达钓层。由于浮漂尖长，可提早提供鱼汛。与软尖浮漂相比，其敏感度高，故受钓鱼者的青睐。

浮漂调整的灵敏与迟钝。调浮漂总的口诀是"调灵敏，钓灵敏；调灵敏，钓迟钝；调迟钝，钓迟钝；调迟钝，钓灵敏"。调 4 目钓 5 目时，

双饵躺底，鱼线有一定的弯曲。此时，鱼儿咬钩很少有吸入时的第一下拽信号，而大多为浮漂尖慢慢上浮或下挫。

再把钓目调整灵敏一点，将浮漂下移几厘米而成钓4目。此时，钓饵、鱼线基本为"一拖一贴"于水底状态，鱼儿咬钩常见的下拽、下挫、上浮都会出现，命中率比较高。调4目钓2目时，鱼线已基本拉直，上钩之饵有可能悬离于底，灵敏度已比前两种有所提高。只要有鱼靠近钓饵，浮漂就会缓慢上浮、下沉，表示鱼汛出现。鱼咬钩一般以短促有力的下拽信号为主。

如把浮漂调至钓1目时，轻质的鱼饵会使钩悬离底，成为悬钩状。这时浮漂的灵敏度非常高，鱼在鱼饵四周觅食，浮漂就会有摇晃、上浮等反应，咬钩时一般下拽信号大而快，但由于敏感度太高而命中率较低。故如果连续几竿中鱼儿脱钩，则表明此时浮漂调整得太灵，应向上移，直至连续上鱼为止。

第三章

鱼饵的配置与使用

第一节 鱼饵的配置

1. 鱼饵的分类

鱼饵是指鱼所食的饵料。饵料分天然和人工两种。天然饵料主要有浮游生物、底栖生物、附生藻类等。人工饵料主要有动物性饵料、植物性饵料、混合饵料等。鱼因其生活的水域环境、生活习性的不同，对食物的需求也就不同。幼鱼大多以浮游生物为基本饵料，食性偏杂；随着鱼的自身发育成长，进入成年鱼阶段之后，它们的食性则显示出不同的特点，可分为肉食性、素食性和杂食性三类。

（1）肉食性

也叫荤食性。这类食性的鱼专以小鱼、小虾、蛙类为主食，从不吃素，还吃同类小鱼。肉食性鱼类大多有利齿和一个收缩性很强而厚实的胃，如黑鱼、鳜鱼等。也有些肉食性鱼类无胃无齿（只有咽齿），它们大都为荤杂食性，有的不仅

吃鱼虾，而且吃各种昆虫和动物内脏，如青鱼；有的不仅吃螺蛳、软体动物等底栖动物，而且滤食上层的轮虫类、甲壳类、棱角类及蚤类

等浮游生物，如鳙鱼。它们的共性是一般情况下不吃素。

（2）素食性

也称草食性。这类食性的鱼以摄取浮游生物、陆生植物为主食。如水生芜萍、小浮萍、苦草、菹草、马来眼子草、轮叶、黑藻、陆生的稗草、狼尾巴草、狗尾巴草以及豆科植物的嫩茎、叶和种子，还有菊科中的蒲公英、野莴苣等。素食性鱼类代表是草鱼和鳊鱼，它们生有一对带锯齿的咽喉齿，足以割断植物茎叶。以滤食浮游藻类为主的鲢鱼，也属于这一类。

（3）杂食性

荤素同食，食域极广，典型代表是鲫鱼和鲤鱼。所有的荤素食饵几乎无所不食，只是在不同的季节，不同的水域各有所侧重罢了。例如，在水温较低的初春和深秋，鲫鱼喜爱吃蚯蚓，在水温较高的夏季，则偏爱面食。

重点提示

把鱼引诱到钓点及其周围所运用的饵料称之为诱饵。把诱饵投撒到预定钓点叫作"诱窝"和"打窝"。目的在于把鱼引诱到钓点附近，便于垂钓，提高上鱼率。选择诱饵的原则是：注意颜色，使鱼容易看见；鱼喜欢吃又吃不着或吃不饱；气味浓，在鱼活动范围内能嗅到气味，起到闻味而来的作用；耐泡，不易变质、变形、变色或漂走；因时、因地、因鱼灵活运用。

2. 粉末诱饵

供制作粉末诱饵的有麸皮、菜籽饼粉、豆饼粉、玉米粉、黄豆粉、山芋粉、蚕豆粉、米糠粉、青糠粉、米粉、面包屑、饼干屑、芝麻粉、花生粉、面粉等数十种。粉末诱饵取材方便，实用效果良好，有的可取之即用，有的则仅需加少许白酒、香精、香油、糖等拌和，以增加效果。由于粉末诱饵入水易散，其味在水中传播远、持久，鱼较难食饱，从而增加了引诱力。如有的粉末诱饵，用湿钩在干粉中摇滚几下使空钩粘满粉后形成粉团，投入水中后粉慢慢溶化扩散，鱼远远就前来抢食，碰到鱼钩、鱼线，使垂钓者可根据漂的微动迅猛提竿，将鱼钓上岸来。

粉末诱饵的拌制，最好用几种粉末掺和混拌在一起，再到钓场掺水拌制。无论在哪种水质中垂钓，使用这种水拌和饵料，则效果才好。

3. 颗粒诱饵

颗粒诱饵有大米、麦粒、玉米、饭粒、米糕、南瓜、香瓜、南瓜囊、香瓜囊、枸杞子、熟山芋、螺蛳、蚌肉、蚬肉、虾、碎猪肉等。颗粒饵粒大，目标鲜明，用于引诱青鱼、草鱼、鲤鱼、鲶鱼等大中型鱼类。如果掺拌粉末诱饵，还能引诱鲫鱼、鳊鱼等中小型鱼类。

有些颗粒材料直接用来作诱饵，不需掺拌其他饵料，效果照样好，特别是垂钓家养鱼类。如垂钓大水域、水库或是流水的水域，可掺拌2～3种粉末诱饵，效果就更好。那些河边生长很多的枸杞子，秋天时果熟，红得透明，被风吹入水中，鳊鱼和草鱼特别喜食。家养池塘常用浸大的麦粒喂养鱼，如用麦粒作诱饵，鲤鱼、草鱼、鳊鱼会频频咬钩；如果再掺拌点螺蛳肉末和虾米屑，则更有希望钓上青鱼。

4. 合成诱饵

合成诱饵是由主料、辅料加味料混合加工配制而成的。

酒米：酒泡的大米和小米。这是在北方常用的传统诱饵。酒有防腐作用，易保存，制作也很便捷，只要把大米或小米倒入广口瓶里，再倒入优质曲酒

或白酒，酒能浸过米为好。用力摇晃，使米酒拌匀，盖好，密封半个月左右。这种酒米是钓鲫鱼、鲤鱼、鲂鱼、鳊鱼、草鱼的上好诱饵。用时用打窝器撒在钓点，以量少，勤撒为宜，酒米在水下散发出浓郁的曲酒香，经久不散，很招鱼的喜欢。

药米诱饵：制作药米的关键是先制成有香味的药酒。制作方法是用 500 克曲酒，加 25 克肉桂的干燥树皮或岩桂的干燥花朵，泡半个月左右即可制成有香醇的附桂酒或"桂花酒"。垂钓前倒几滴在米酒中，产生一种浓郁的香味，会使徘徊在较远钓点的鲤鱼、鲫鱼闻香而来。使鱼可嗅到，但不易吃到，便能使鱼群长时间地滞留在窝内觅食。

5. 混合诱饵

混合诱饵是选用粉末诱饵、颗粒诱饵拌和制成的诱饵，但仍须确

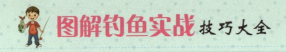

定主料与辅料，再添加少量的添加剂，用来引诱各种可钓的淡水鱼类。混合诱饵既能引诱大鱼，又能引诱中小型鱼类，这种诱饵适用于垂钓者熟知的水域与钓场。

混合诱饵目标大，打窝数量多，它既有鱼爱吃的饵料，又有浓烈的气味，能引诱各种大中小型鱼类。例如，用250克麸皮、150克菜籽饼粉、100克玉米粉、50克黄豆粉、一把白米、一把浸胀的小麦粒，外加白酒50克，垂钓前一天用温水拌和（湿度以可捏成团为标准）后装进塑料袋，并扎紧袋口；第二天出发前，再加150克螺蛳肉屑、100克虾肉屑、滴上4～5滴鱼肝油，再准备些蚯蚓、螺蛳肉、活虾、面粉团、切成小丁的熟山芋、青菜茎叶、蚂蚱等钓饵。垂钓时应变要快，用双钩，并根据窝内鱼情及时更换钓饵，上钩率就会大大加快。

在制作诱饵时，不能光顾其表，应考虑诱饵的质量与效果。鱼对饵料的感觉不同于人类对食物的感觉，如有的诱饵经炒熟后，人闻垂涎，但加水拌制后，香味分子由于水的溶解和稀释、吸收，香味很快消失，有的鱼就不一定喜欢。反而不如不炒，加水直接浸泡3～5天，使其发酵（注意不能让其发霉）。这样，诱饵的香味在水中不仅能持久，而且扩散范围更加广泛，引诱鲤鱼、草鱼、鲢鱼、鳊鱼，甚至青鱼前来抢食。

 ## 6. 干撒饵

用大米、小米、玉米渣等投放到钓点，可以使用其中的一种或混合使用，其优点是耐水泡，不易变色、变形或漂走。只是发窝慢、一且发窝鱼则不易离窝。一般用于垂钓鲤鱼、鲫鱼等效果较好。在主钓点周围1米左右少量撒些诱饵形成向导窝，诱导鱼奔向主窝，效果更好。

粉料干撒饵：米糠、麦麸、玉米粉等干粉为主，经火焙炒有香味后带到钓场，用时略加点酒，用水打湿使其有一定黏度，捏成团撒窝子。主要用于水库、河川、湖泊诱钓鲤鱼、鲫鱼、鲂鱼、鳊鱼、草鱼等。如果在养鱼池垂钓，诱饵要灵活运用，要根据池塘喂鱼的饲料而定。因为在人工喂养池塘里的鱼，已养成只食某种食物的偏食习惯。垂钓者如果按照某种鱼的天然食性去配制诱饵和钓饵，那就只能空手而归了。

油性类干撒饵：主要是豆饼、菜籽饼、玉米饼、芝麻饼、棉籽饼等，都有一定香味，将其捣成粉末用文火炒香，用一种或几种混合，取塘里水调和撒窝，是垂钓鲤科鱼类的好诱饵。

7. 湿撒饵

湿撒饵就是酒糟、醋糟、酱油糟这类物品，本身有一定湿度，用时不需加水，只要略加黏合剂（馒头、窝头等）即可使用。依据所钓鱼类的食性，单独使用或几种饵料配合使用。如酒糟可钓鳊鱼、草鱼、鲂鱼等。酒糟有很浓的曲酒香味和微含酸味，鳊、草、鲂鱼都爱吃。如钓鲤鱼和鲫鱼，可用啤酒精和高粱酒精，加些炒香的豆腐粉、麸皮、点心渣等，使诱饵有甜香味，这样效果会更好。

豆腐渣、酸豆汁渣、芝麻酱渣等做诱饵，不需加水即可使用，而且容易发酵变酸，与醋糟、酱油糟配合使用，是专钓鲢鱼、鳙鱼的诱饵。

如果用30%发酵的芝麻酱渣与70%的酒糟渣混合，可做鲂鱼、鳊鱼、草鱼的诱饵。发酵方法是，把块状的芝麻酱渣用水浸泡变软后，装在广口瓶里，晒一周左右便发酵。发酵后的芝麻酱渣有一股特殊的酱香味和酸味，鲢鱼、草鱼、鲂鱼等都十分喜爱。

8. 素饵

素饵一般用于垂钓素食性、杂食性鱼类的饵料。素饵的种类繁多，常见的有以下几种：

（1）米饭饵

用当年新鲜粳米制成的钓饵（若用籼米、陈米、蛀米效果较差）。将粳米放入锅内煮熟，米饭要煮到软硬适度。太软容易遇水化开，过硬则钩尖不容易戳透。穿钩时用一粒米饭即可。由于米饭颗粒小，鱼很容易一口吞进，因此，用米饭钓鱼时要眼明手快。米饭饵是钓鲫鱼、鳊鱼的常用钓饵。此外，米饭也可和其他一些饵料混合，以吸引其他鱼类。如在米饭中加入豆豉可钓某些大型鱼类。

（2）面食饵

用面粉、玉米粉、小米粉等制成的钓饵。垂钓时可直接用水拌和成干湿适度的面团，也可事先拌成面团，蒸熟，增加其黏性。

①把玉米粉、面粉加开水搅拌成团，放在锅上蒸熟，然后加入白酒、香精、味精、糖、麻油搓揉成面团。面团以饵钩投入水中10分钟内不变形为最佳合成状态。如面团没有蒸熟，在使用

时面团会粘不住钩尖或粘住后下水会散开。实践证明，这种钓饵具有质地松软、黏度适中、色味俱佳、长时间不会腐败变质等特点，使用起来效果最佳。

②把面粉加凉水和盐拌成面团，将面团醒 1～2 小时，待面粉里蛋白收缩后，再放到清水里用水揉洗，将淀粉洗去，余下的面团就是软而韧的面筋。使用时可将面筋取饭粒大小一团，穿在钓钩上，使用十分方便。

③用面粉、炒熟的大豆粉、适量蒸熟的土豆（或山药泥），配以少许芝麻粉（或麻油）、奶粉、蚕蛹粉、糕点渣混合后加水和成面团。面团以软而不散，香而不腻，入水后不能在较短的时间内融化或泡散为宜。

④豆粉饵用黄豆、蚕豆等磨成粉，加水拌和而成的钓饵。这种钓饵香味浓，能迅速招引鱼，尤其在夏天，其他面食和米饭垂钓效果不佳时，使用它效果最好。此饵也可用炒熟的黄豆、蚕豆磨成粉，垂钓时加水拌和成团。

（3）薯类饵

用番薯、土豆等薯类，蒸至七分熟，切成小块而成的钓饵。此钓饵在使用前须放在密封的铁盒内以防干裂，是垂钓鲤鱼的首选钓饵。此外，也可将煮至七分熟的番薯拌在玉米面里，揉捏成团。这种钓饵鲤鱼、鲫鱼都爱吃。

重点提示

配制饵料的目的是为了钓鱼。鱼种不同，它们所食饵料的种类也不同。如鲫鱼喜食蚯蚓、小米、麦麸和有香味的饵料，鲢鱼喜食有酸味的饵料，鲤鱼喜食有甜味的饵料。出外钓鱼主要想钓什么鱼，事先都是有计划的，因为钓钩的型号、钓线的粗细都因鱼的不同而选择配置，所以在配制饵料时首先要考虑所钓的对象是哪种鱼，然后在选料上、气味上都要因鱼而定。

（4）饼类饵

用榨过油的芝麻、花生、黄豆等原料加入其他饵料制成饼状的小方块的钓饵，如芝麻饼、豆饼、菜籽饼、花生饼等。这种钓饵专用来钓大型鱼类如草鱼、鲤鱼和大鲫鱼等鱼类。

9. 动物性鱼饵

鱼饵中含有丰富的蛋白质，主要用于垂钓肉食性和杂食性鱼类。主要包括昆虫、小动物、小鱼虾等。诸如草鱼、鳊鱼等草食性鱼类，有时对荤饵也很感兴趣。

常用的荤饵有以下几种：

蚯蚓：蚯蚓又叫"万能钓饵"。除鲢鱼、鳙鱼等少数鱼种外，其他鱼类都喜食蚯蚓。蚯蚓肌肉中含有丰富的蛋白质，体表充满富有强烈气味的黏液，在水中能不停蠕动，且颜色醒目，故蚯蚓对多数鱼类有很强的诱惑力。

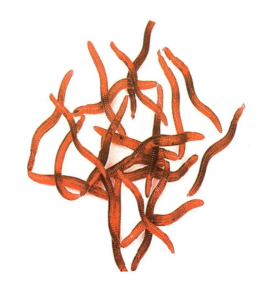

红虫：因通体鲜红被称为红虫。用红虫钓鱼一般比蚯蚓好使。红虫分为公虫和母虫。公虫个头大，可单只穿在鱼钩上，其比母虫结实粗壮耐鱼撕咬。公虫容易保存，可以加些水放在冰箱冷藏室里保存。母虫比公虫小且细，一般用来打窝子或做成红虫诱饵，价格便宜但不易保存。买回来的母红虫不能放到水里保存，用水淋湿平摊在棉织品上即可，必要时用手来回翻动红虫以便于与氧气接触帮助存活。

活虾：活虾蛋白质含量丰富，肉味鲜美，绝大多数鱼类都喜食。它分布极广，除活虾外，鲜虾及虾肉均是良好钓饵。

青虫：凡是绿色的肉虫统称为青虫，种类繁多，来源广泛，是垂钓草鱼、鲤鱼、鲶鱼、鳜鱼、黄颡鱼、翘嘴红的好诱饵。

蚂蚱：俗话讲："蚂蚱飞，鱼儿肥。"蚂蚱生活在水域边，是鱼类的天然饵料，肉食性、杂食性、草食性鱼类都喜食它，所以用作钓饵效果显著。

蝇蛆：在荤饵中，蝇蛆是最理想的一种。蝇蛆的蛋白质含量丰富，气味浓烈，颜色洁白，目标明显，皮质坚韧，个体适中，其诱鱼效果要超过蚯蚓。

面包虫：面包虫是危害粮食作物的害虫，似蛆非蛆，故又叫干蛆，色黄白，体长2厘米左右，很多肉食性和杂食性鱼类都喜食。

鸡、鸭内脏：蛋白质含量高，气味浓烈，是垂钓鲶鱼、乌鳢、黄颡鱼等凶猛鱼类的最佳钓饵。

贝类肉：为螺、蚌、河蚬等软体部分，是垂钓青鱼、鲤鱼、鲶鱼、鳜鱼的好钓饵。

10. 配置鱼饵要考虑的因素

配制饵料必须有针对性和目的性，也就是说，要克服盲目性和随意性。具体来说，要考虑以下这些因素：

（1）气温、水温情况

鱼生活受气温、水温的影响，大多数鱼最适宜的气温是

15 ~ 25℃，超过35℃，鱼基本上不吃食（少数鱼除外）。气温低于5℃也很少活动，气温在0℃时基本停止摄食。鱼食欲旺盛时吃什么都有滋味，食欲差时对食物就格外挑剔。鱼天热时喜吃素食，天冷时喜吃荤食。所以，配制使用饵料时要考虑气温、水温的状况。气温高时，饵料多用素饵，即多用植物性的饵料；气温低时，多用蚯蚓、红虫及家禽的内脏作为饵料。

不过，草鱼、鲢鱼是不怕高温的鱼种，气温在37℃时照样十分活跃，食欲不减，荤食、素食都吃，当然，吃素食的量大于吃荤食的量。

（2）水质因素

水质的不同会影响鱼的生活，影响食欲。生活在不同水质的鱼对饵料的需求也不同。钓友常把水分为肥水和瘦水。肥水中所含的腐殖质较多，可供鱼食用的微生物、小昆虫、软体动物多。瘦水中可供鱼食用的物质少一些。由于肥水中不缺食物，因此鱼对饵料比较挑剔，尤其是它们的食性有习惯性，其他饵料可能使它们感到生疏，因而拒食。瘦水中，因食物缺乏，鱼可能饥不择食，对动物性的饵料尤为喜爱，像人们的饮食一样，吃素食多了也想吃些肉食。在肥水塘中的鱼吃荤食多了也想换换口味，吃些素食。

因此，钓友在肥水塘垂钓多用素饵，而在瘦水塘垂钓多选用荤饵。不过，水过肥，水中腐殖质太多，水中的含氧量低，氧气不足会影响鱼的生活，也影响鱼的食欲。因此，在肥水塘钓鱼，配制饵料尤为重要，要精心，多准备一些不同物质成分的饵料，以供鱼选择食用。

（3）水的面积

水面的大小与配制使用饵料也有关系。水面大，宜选用粗放型饵料；水面小，宜选用精钓型饵料。这是因为水面的大小与饵料的用量成正比关系。水面大，用料就要多，在水库、湖泊中钓鱼，常常是一次使用10 ~ 20千克的玉米、豆类、饼块。这些原料价格便宜，用麝香米、麝香水或酒泡小米是不划算的。而在小池塘中垂钓，要用质量较高的饵料。

（4）水的深浅

水的深浅情况与使用饵料也有关系。2米以内的水深，饵料入水后，部分饵料会沉入水底，悬浮在水中上层的饵料较少。投放诱饵时，对使用什么样的打窝器没有特定的要求，篮式打窝器、羽毛球打窝器均可。

水深超过3米，必须使用锥形打窝器，因为锥形打窝器可以沉到水底，其尖部触及水底的泥沙时才张开，此时，打窝器中的饵料完全沉入水底，在水的中上层是没有饵料的。用篮式打窝器就不行，篮式打窝器接触到水面后就翻倒了，饵料倒入水中，慢慢往下沉，在下沉过程中，部分粉状饵会四处扩散，如果水中有波浪，饵料分散得更快，沉到水底的饵料会更少。

水的深浅与使用饵量的多少也有关系。水浅，可以少用一点；水深，用量就应大一些，这是因为水深处光线差，鱼饵难以被鱼尽快发现。饵料量大，影响范围就大，诱鱼的效果好。即使是钓饵，饵团也应大于在浅水区使用的量。

在配制饵料时应突出一种气味，不能将多种气味混合，否则，饵料会出现怪味或无味，这样做吃力不讨好，白白浪费饵料。气味并非越浓、越刺激越好，香味和甜味的使用也是如此，过于浓烈的气味，鱼是不喜欢的。气味的浓淡往往与气候、水温、水质都有关系。水质较好、水中食物丰富的水域，饵料的气味应淡一些；水清澈的水域，或在寒冷的季节钓鱼，饵料的气味应浓一些。

11. 配置鱼饵的注意事项

钓饵是挂在鱼钩上投入水中引鱼上钩的饵料。钓饵有动物饵料和植物饵料两种。为了增强钓饵的诱惑力，使鱼能够尽快咬钩，在配制和使用钓饵时应注意以下问题：

①用活不用死。用活不用死，是指使用动物性质的饵料，如蚯蚓、红虫、蚂蚱、泥鳅等，穿钩时尽量选用鲜活的，而不要弄死弄僵。很多鱼都有吃活食的习性，有的用捕捉式吃食方式，如鳜鱼、乌鳢、鲶鱼等，它们更喜欢捕捉在水中游动的食料。有的钓友为了穿钩方便，常常把蚯蚓、蚂蚱先拍死再穿钩，此法是错误的，会影响到钓鱼效果。所以，只要有鲜活的饵料，就不要用死的。

②不要用有辛辣味的、有棱角的。鱼喜欢香味、甜味、酸味，有的也喜欢腥臭味，但对辛辣味不喜欢，所以配制饵料时不要用苦味、辣味甚至咸味。鱼嘴较小，有的没有牙齿，所以不应使用有棱角的尖刺类的食物做饵料。

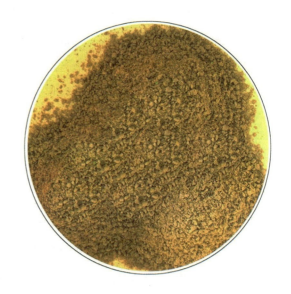

③饵料的软硬要适度。如果使用面团类钓饵，一定要注意面团的软硬度。因为，若过于松散过于软，饵团入水后经不住水泡，很快就溶散于水中，钩成了空钩；若饵团过硬，鱼很难咬开，

接触不了钩尖，钩就刺不住鱼唇，也钓不到鱼，况且，若鱼咬了很长时间仍吃不到食料也会游走。

④颜色要鲜亮。鱼的视力差，加之水中的光线差，尤其是深水区水底光线更差。若是使用面团类钓饵，要选用鲜亮的物质，以白、浅红、黄三色为主。由于颜色鲜亮，容易引起鱼的注意，便于鱼发现钓饵。若是用动物类钓饵，如蚯蚓、红虫，可在蚯蚓、红虫的外面再沾些面粉（糨糊也行），这样，可使暗色的蚯蚓变得鲜亮，使鱼易发现。

12. 怎样拌鱼饵

①先拌饵后加水。饵料处在干粉状态下容易拌匀，加水后再想拌匀则较困难。饵料干粉中的各种原料要均匀分布。如果饵料中诱鱼成分不均匀，调出的饵就难达到其设计的应有状态，还将影响诱鱼效果，甚至因局部饵团的诱食剂含量过大而影响到鱼咬钩。因此，调饵必须保证饵料中各种原料的均匀分布，拌匀饵料是调饵的一个重要的基础环节。饵料必须要先拌匀，否则难以达到混合使用的目的。

②加水量对饵团的软硬度、雾化效果、适口性有较大的影响。一般来说，加水量大，调成的饵团稀、软，雾化效果好，适口性好；加水量小，则饵团硬，雾化效果差，适口性差。台钓调饵一般是采用体积比来控制加水量。多数钓饵的加水量（饵、水体积比）均为1:1。需要注意的是，加水最好能一次加足。如果不能一次加足，再加水或干粉饵料来调整则非常麻烦，而且难以保证饵料的均匀性。

③搓揉程度对饵团的雾化效果及黏度有较大的影响。调饵时，恰当的搓揉可充分体现钓饵配方的设计效果。如果搓揉过度，则饵团的雾化效果差，黏度增大，适口性差。调饵只是搅拌、轻拍捏拢成大团，

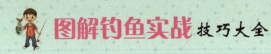
而不是像和面一样用力搓揉。

④了解所用饵料的特性。要想调好饵，首先要做调饵试验，来熟悉、了解所用饵料的特性。将干粉饵料调成饵团，要经过吸水、成熟、衰退三个过程。

干粉饵料加水并搅拌后要放置数分钟，因为干粉的饵料中的某些成分吸水量大，干粉饵料的吸水过程需要一定的时间。饵料轻拍捏拢成团后，虽然已可使用，但一般尚未达到理想状态，还需继续放置，直到掰开饵团可见到拉丝粉形成的"丝"为止。拉丝粉形成"丝"的过程即为饵团的成熟过程。饵团在成熟期为其最佳的使用时期。

重点提示

从节约饵料成本、保证饵料状态两方面来考虑控制调饵量。一般来说，第一次调饵不宜太多，因为对鱼情尚不了解，如果用饵不对路而换饵的话，未用完的饵就浪费了。调饵量的控制还需考虑预计垂钓对象的种类和大小，如果鱼大，饵可适当多调一些，反之可略少一些。对自己所用的钓饵有充分的了解是十分重要的，只有充分了解所用饵料的特性，才能采取相应的措施。

第二节 鱼饵的使用

1. 选择合适的鱼饵

钓饵直接决定哪些鱼会来咬钩，直接影响着钓获量的多少。因此，如何选择合适、有效的钓饵就成了垂钓活动的关键。

（1）按鱼的食性选饵

各种鱼都有自己偏爱的饵料，没有一种饵料能适用所有鱼类。例如号称"万能钓饵"的蚯蚓，对鲢鱼、鳙鱼丝毫不起作用。鲫鱼、鲤鱼等杂食性鱼类，用荤饵、素饵均能奏效；草鱼为主食素食性鱼类，应用草饵效果很好，但昆虫和蚯蚓也可以钓到草鱼；鲶鱼、黄颡鱼、鳜鱼等为肉食性鱼类，只能使用荤饵才可钓到。

（2）按鱼的摄食习惯选饵

不同的鱼类，摄食习惯不同，选用的钓饵也有所不同。如常吃豆粕的鱼类，则宜用豆饼饵料做钓饵；若用猪粪、牛粪喂的鱼，则鱼对这些饵料最感兴趣；若多用鸡粪、鸭粪喂的鱼，则鱼类对鸡粪、鸭粪的气味会情有独钟。

（3）按鱼情水情选饵

首先，要做到钓什么鱼就配制出这种鱼最喜爱味道的钓饵，如鲢鱼喜酸、鳙鱼喜酸臭、鲤鱼喜香甜、草鱼爱微酸及酒香等。但在养鱼池大多投料喂鱼，鱼儿很可能养成"偏食"习惯，只认喂它的料。如果是开竿垂钓的渔场，钓鱼的人多，饵多味杂，鱼儿择优进食，会感到这里的鱼口味特刁，很难找准它喜爱什么味道的饵料。

即使是同一种鱼，在不同水体的水域，其摄食习性也有不同。如鲫鱼、鲤鱼在肥水中喜吃素饵，而在瘦水中爱吃荤饵，在肥瘦适宜的水域中，对香饵、荤饵很感兴趣。

有两点需要注意：一是在人工养鱼池垂钓要多考虑人工饲养因素；二是鱼类食性的改变过程是逐渐变化的，垂钓者应通过细致观察，分析研究某个水域鱼类食性的变化规律。

（4）按当地特点选饵

一方水养一方鱼，一方饵钓一方鱼。不同地区，甚至同一地区不同水域的同一种鱼，食饵习惯往往会有较大差异。摸清当地各种垂钓对象鱼的食性，尤其是一些偏好，常可以出奇制胜。

随着季节的变化，鱼对饵料的选择也不同。如草鱼，在初春时节，喜吃荤饵，用蚯蚓能钓到草鱼；初夏喜吃嫩草；夏季喜吃青草、糟饵；秋天，各种昆虫如蚂蚱、蟑螂、大青虫、蟋蟀等都是它的上佳钓饵；而在天寒地冻的冬天，再好的钓饵都难以引起草鱼的摄食欲望。一般说来，凶猛肉食性鱼类不会改变食性来适应环境变化，但是杂食性鱼类，如鲤鱼、鲫鱼会因不同季节在摄食种类上产生明显变化。

2. 诱饵的投放

诱饵投放适宜才能较好发挥诱鱼作用，投放不好有时会适得其反。

（1）定点

要做到定点并非难事，只要看准前面的目标，以手握鱼竿处为基点，将诱饵用打窝器钓在鱼钩上垂直下水，就可以达到定点目的了。河对岸的电线杆、小树、石块、树根、一丛野草等等均可作为定点的目标物。一经定点，则在每次补窝时都应补在同一点上。

（2）忌将诱饵捏成团甩入水中

这样撒诱饵有三个不足之处：一是成团的诱饵便于鱼群吞食，只能喂鱼而不能诱鱼，因粉末状虚饵被捏成团之后无法在水中扩散；二是成团的诱饵甩入水中会发出很大的声响而将附近的鱼惊走；三是手抛饵团不易定点，反将鱼群引开。

（3）摸清水底"行情"再下诱饵

水底一般不是很平整的。人工养鱼池虽然较湖塘、自然河流平整，但在开挖时常会有意识地挖出深沟，供鱼盛夏、晚秋和寒冬栖息。至于自然形成的水域，高低深浅就相差悬殊了。因此，打窝之前，首先应用钩线试试深浅，摸摸水下是否平整。倘若水底坑坑洼洼，高低不平，则不宜打窝，因打窝后窝饵掉入坑洼处鱼群不易发现，既浪费饵料，又耽误时间。

除试水底是否平整外，打窝还应避开水底杂草稠密处。在这样的地方打窝，鱼群不易发现饵料。即使鱼儿上钩，亦常常在挣扎、逃窜时钻进草丛中造成折钩断线。

（4）注意距离

撒诱饵的距离一般以鱼竿的长短为准。鱼竿有长有短，打窝自然有远近之分。

（5）窝点应在垂钓者对光的侧面

打窝是垂钓的前奏，窝点也即钓点。垂钓者若面对阳光，不仅阳光刺眼，伤害视力，且不易看清浮漂。倘若背对阳光，则人的倒影与鱼竿的倒影会映入水中，鱼群发现后常不敢靠近，影响垂钓效果。

（6）千万别弄错窝点

有经验的垂钓者往往不是在一处打窝，而是连打两至三个窝进行试钓。做个记号，双脚站在记号处，看准对岸目标，根据三点一线的原理打窝，也能根据这一原理准确找到垂钓点。

（7）加撒"引路饵"。

"引路饵"也称"向导饵"。为了诱鱼向窝点集中，有经验的垂钓者常常以窝点为中心，向窝点的正前方、左前方和右前方呈放射状星星点点抛撒少量的饵料。抛撒时应由远及近，越接近窝点，饵料越是要加大密度，直到将鱼群引入窝中。

3. 如何使用成品鱼饵

渔具店出售的成品鱼饵多半是小袋装的干性粉状鱼饵。这种鱼饵在使用前需要加水拌和、揉捏。大多数垂钓者都是在垂钓处现揉捏现用。根据用量将一袋的部分饵料倒入容器中，再用鱼池塘的水加入器皿中，浸泡数分钟，待粉状饵吸收了水分膨胀后再搅拌。搅拌得软硬适当后，再停数分钟揉团挂钩。也可在饵料中加入适量的该处喂鱼的饲料，还可以根据鱼情加些香料。制作饵料时以搅拌为主，揉捏为辅。因为粉类物质越揉越黏，太黏了会延长在水中的溶化时间，影响钓鱼效果。

还可以在成品鱼饵中加些谷类、麦类的细粉，如面粉、豆粉、大麦粉、薯类粉等，可以增加鱼饵的黏度。要增加香气，除了使用各种香型的香精外，也可加

些曲酒、山奈粉（中药粉）、丁香粉。若想用酸臭味饵，可加阿魏水（中药）。总之，其目的是使鱼饵符合当地鱼儿的食性特征。值得注意的是，有些钓鱼比赛规定是不准用山奈、阿魏。

在成品饵中添加自备的饵料，也相应地节约了开支。成品鱼饵价钱较贵，在小城镇还不易买到。

4. 使用蚯蚓的要点

出钓之前对蚯蚓做些技术处理，可极大增强使用效果。

①使蚯蚓增加韧性。无论是从渔具店买蚯蚓还是自己挖蚯蚓，最好在垂钓前两天就获得蚯蚓。用木盒或陶土质的盆，装入较为干燥、黏性小的细土，然后放入蚯蚓，蚯蚓在土中既得不到食物，也缺乏水分，皮肤渐渐失去水分。蚯蚓为了生存的需要，就会从自身体内排出水分滋润皮肤，避免脱水，体内的泥也会从尾部排出。蚯蚓就会变得更加细，

也增加了韧性，无论是在穿钩时还是在水中，耐受力都有所增强。

②使蚯蚓增加气味。蚯蚓的气味越浓，越能增强使用效果。在使用的前两天可在装蚯蚓的盆中浇些红糖水，或加含香精的清水，目的是使蚯蚓吸收这些物质的养分，增加其香味和甜味。

③在黄板纸上浇水取蚯蚓。取蚯蚓时不要用铁铲子翻土，避免损伤蚯蚓。在使用的头天晚上用黄板纸（包装盒也行）或旧报纸盖住蚯蚓盒，在纸板上浇些水，水不能过多，将纸浇湿即止，或浇些淘米水，第二天早上，蚯蚓会爬到土壤表层，取蚯蚓十分方便。

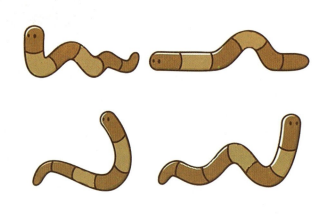

④瘦水宜使用蚯蚓。水有肥有瘦，肥水中营养物质丰富，鱼的食欲不旺盛，对蚯蚓类的荤饵并不感兴趣。因此，应多在瘦水中用蚯蚓做钓饵。

⑤根据鱼种选用蚯蚓。鱼种不同，对蚯蚓的需求也不同。无鳞鱼喜食黑蚯蚓。黑蚯蚓体形大，腥味重，无鳞鱼多是中、大型鱼，它们对食物的需求量也大，嘴巴也大，红蚯蚓对它们来说，太小，不解饥。而鲫鱼、鳊鱼、鲤鱼则喜食红蚯蚓，尤其是体形小、性格温顺的鲫鱼更喜食红蚯蚓。若用黑蚯蚓来钓鲫鱼、鳊鱼，效果肯定不好。钓鲫鱼，应用细小的红蚯蚓。

⑥用活不用死。使用蚯蚓时，有人为了穿钩方便，常将活蚯蚓拍死或掐断用，这是不科学的。只要蚯蚓不太长，就应用整条蚯蚓穿钩，钩尖外边应留出一小段，其目的是让其蠕动，以增加诱鱼效果。

有些钓友在使用蚯蚓时不分蚯蚓的头尾，拿起就穿钩，这也是不科学的。应从头上穿钩。蚯蚓的头部粗些，尾部细些，很容易分辨。从头上穿钩后，尾部留一小截，让其摆动。

重点提示

夏天气温高，鱼的食欲欠佳，鱼像人一样，气温较高时不想吃油腻的食物，想吃清淡些的素食。春季，气温渐渐回升，鱼经过一个冬季，此时尤其需要营养，增加脂肪，因产卵的需要，也要增加体内的脂肪。因此，春季钓鱼应多用蚯蚓。深秋，气温渐降，鱼为了御寒，也需增加营养以贮存脂肪越冬，食量增加，也就喜食荤类饵料。

5. 使用水蛭的方法

水蛭，又名"蚂蟥"，体形细长而扁，两头尖中间宽，黑绿色，专门吸食人畜及其他动物的血液。

水蛭也是一种好钓饵，可用来钓鲶鱼、黄颡鱼、甲鱼。水中的水蛭虽然很多，但是不太好捉。现介绍一种捉水蛭的方法。找一个小竹篓，竹篓的边上留一个小洞，竹篓里放些鸭血、猪血或鸡血（都是凝固成块的），将竹篓放到塘中。水蛭是专门吸血的，对有血腥味的物质特别敏感，于是纷纷钻进竹篓，提起竹篓就可以获得很多水蛭。若没有竹篓，就用一块尼龙窗纱和布缝个口袋，留有口，袋内装鸡血、鸭血，将袋抛入水中，袋上系一根绳子拉到岸边，过一段时间提起网袋，也可以获得水蛭。

大水蛭一个就可以穿一只鱼钩，小水蛭可以多穿几条。使用水蛭做钓饵还应注意的一个问题就是要妥善保管水蛭。因为捉水蛭很费事，有了水蛭就应保管好，以便随用随取。

养水蛭一定要用塘里的水或田里的水，也就是说，在什么地方捞的水蛭就用什么地方的水，不能用自来水。一天至少要换一次水，否则部分水蛭会死去。养水蛭的容器不需很大，但应是敞口的，使容器与空气接触面积较大，如浅沿的盆子、盘子，瓷质、塑料质的都行。容器里放些鹅卵石，使水蛭有藏身之处。用鸡血、猪血做水蛭的食料，经常投放，每次投放量要小。容器放在阴凉处，避免温度过高。若天气炎热，则可以从冰箱里取出一些冰霜，或用冰盒制一些小冰块，然后投到容器中，以降低水温。

6. 使用小虾的方法

用小虾为饵可钓的鱼种很多，如鲫鱼、鲤鱼、翘嘴红鲌、金线鲫、四须鲤、宽鳍、白鳝、鳜鱼、黑鱼、鲶鱼、黄颡鱼、大理裂腹鱼、斑鱼、鲈鱼等。

用小虾装钩的方法应根据所垂钓的鱼的种类、大小、摄食习惯和钓法而加以区别。一般钓鲫鱼、鲤鱼等杂食性鱼类，以去掉虾头，将钩从胸部刺入，钩尖埋藏于尾端为宜。若虾的个体较大，可剥去外壳，用一段虾肉装钩。钓凶猛肉食性鱼类用整条虾装钩效果好。装钩可采用背挂法、头挂法或捆绑法。背挂法是从虾背将钩紧贴背壳推入，再将钩尖从背壳穿出。这种挂法适于定点钓法，虾挂在钩上可以存活。头挂法是将钩尖从虾的胸部刺入并推向虾的头部，钩尖埋藏于虾的口部。捆绑法是用长轴钩，将虾的躯体顺直，紧贴在钩轴上并用细线绑牢。钩的弯曲部及钩尖外露。捆绑法适用于甩钓。

7. 四季用饵技巧

"春天用虫"，就是说春天钓鱼多用虫类做钓饵。用得最多、钓鱼效果最好的是红虫、蛆芽、红蚯蚓，尤其是红虫、蛆芽。这两种小虫肉质细嫩，含蛋白质丰富，体形小，易于被鱼吞食。

为什么春天多用虫做钓饵呢？这是因为经过漫长的冬天（冬天鱼多在水底泥中蛰伏），气温渐渐回升，鱼开始活动，急需营养物质补充身体，红虫、蛆芽成为它们最喜爱的食物。

红虫体形细小，不好穿钩。这里教大家几种使用红虫的方法。

第一种方法：细线捆扎红虫。剪一段小塑料管，套笔的塑料笔帽也行。竖向剪去一条，成一长方形的凹槽，再横着一边剪一个豁口，放一条细线，然后将红虫放入细线上，再提线，线将红虫捆住就成了一个红虫束。最后用钩钩住红虫束即成。

第二种方法：找一细些的圆珠笔帽，将气门芯截成细段（多截几个）。将气门芯段从笔帽的细头箍入笔帽，向前移至大头处。将红虫塞入笔帽中，塞进长度的1/2即可。将气门芯从笔帽移到红虫上，即捆扎住红虫。将红虫从笔帽中取出，即可挂钩。

红虫还可以做诱饵使用。方法是：用一个很薄的红色塑料袋或黄色塑料袋，装入几十条红虫，扎好袋口，然后用针在塑料袋上扎多个小眼，扎的眼要很小，不让红虫爬出来。用一根长绳系到塑料袋口上，投入水中。红虫在袋中不断蠕动，加之塑料袋呈红色或黄色，很快就会将水中的鱼诱过来。尤其是鲫鱼、草鱼都喜欢吃红虫，红虫在塑料袋中，鱼吃不着，只好绕着红虫袋游。这时钓友投下钩子，钩子上也有红虫（或红蚯蚓），鱼儿自然会去吞食钩上的饵料。这种塑料袋装红虫做诱饵经久耐用，钓完鱼，再将塑料袋收起，另作他用。

用海绵也可以沾红虫。将一块黄豆大或蚕豆大的海绵放到碗里，碗里再放入一些红虫，由于海绵有空隙，红虫就钻入海绵之中，当海绵里钻了红虫后，就可用这个海绵块挂钩做钓饵了。

"夏天用面"，就是夏天钓鱼多用面粉类鱼饵。自制面粉饵的主要原料是小麦面、豌豆面、黄豆面。若是用于炸弹钩，应加麸粉。面粉类饵是夏天钓鱼用得最多的钓饵。因为夏天鱼想吃清淡的素食，无论是钓鲫鱼、草鱼、鳊鱼、青鱼，均可以用面团饵。

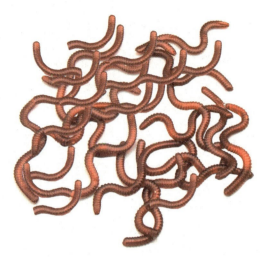

冬季钓鱼时，鱼儿活动减少，对活动的饵料更为敏感。可以使用活饵如红蚯蚓、红虫等，或者使用商品饵并通过逗钓技巧，如缓慢地上提鱼竿再慢慢落下，使饵料在水中上下活动，吸引鱼的注意。冬季多数鱼类偏好腥味食物，腥味饵料对水中的鱼儿有很强的诱惑力。冬季水温低，饵料的味道传播较慢，因此应使用味道更浓的饵料。

秋天，尤其是晚秋，天气渐渐凉爽，鱼儿为了越冬，需加强营养，贮存脂肪。秋天，又是蚂蚱类的小昆虫长得肥肥胖胖的季节，池塘边的草丛中、菜园里、打谷场边、小树旁，蚂蚱很多，也易于捉到。用蚂蚱做钓饵效果好于面团饵，也好于用蚯蚓做钓饵，尤其是钓草鱼效果最佳。秋天钓鱼时思路应灵活一点，当钓鱼效果不好时，不妨换换饵料，死守不是办法。除了蚂蚱外，青虫、小飞蛾、蜻蜓均可做钓饵。

8. 使用鱼饵的技巧

（1）面饵的大小

用面饵钓鲫鱼，饵食的大小应根据钓点附近的鱼情与钓场的水情，综合加以考虑。鱼情指的是钓点处是否有小杂鱼啄食，以及所垂钓水域鲫鱼个体大的多，还是小的多；水情指钓场是静水还是流水。如果钓点处常有小鱼啄食或是在流动水域垂钓，钓饵大些并黏些为好。若在静水水域垂钓，钓点处没有小杂鱼啄食，而且个体大的鲫鱼多，则面饵的大小以能将整个钩体裹住为佳。若小鲫鱼多，则用黄豆大小的面球插在钩尖上垂钓。以上面饵主要用玉米面、小麦粉或米粉为原料，配制成有一定硬度和黏度的面饵。若用台湾地区钓鲫鱼的方法，并采用台湾鲫鱼饵垂钓，则饵食大小要比上述面饵大一倍。这是因为台湾鲫鱼饵黏度小，入水后一般经15秒钟左右即完全溶化，在十几秒钟内不见鱼咬钩就要重新装饵，它既是诱饵也是钓饵。

（2）蚯蚓装钩方法

以蚯蚓为钓饵，不论是用整条还是截一段装钩，不拍晕蚯蚓效果好。鲜活的蚯蚓装上钩后能较长时间保持活动，可起到诱鱼的作用。

至于用整条还是截一段装钩好，应与钓何种鱼、所要钓的是大、中型鱼类还是小型鱼类，以及是大口鱼还是小口鱼而区别对待。若垂钓个体较大的草鱼、翘嘴红鲌或黑鱼、鲶鱼等，则应选个体稍大些的

蚯蚓，用整条装钩好。若钓
鲫鱼、鲂鱼等小口鱼，则截
一段装钩或选择细小的整条
蚯蚓装小钩为宜。

（3）面饵的软硬

面饵的软硬度与钓场
水情和装饵的大小有关，与
钓法也有一定关系。钓流水
时面饵要硬些，钓静水则宜
软些；面饵大则应软些，小
则应硬些。用海竿配串钩垂
钓时面饵要硬些，若装组钩垂钓则应软些。

（4）素饵钓到肉食性鱼类

用素饵垂钓有时会钓到黑鱼、鲶鱼、鳜鱼等。遇到这种情况往往
是钓点处有小杂鱼不断地啄食素饵，而小鱼把肉食性鱼诱来了，肉食
性鱼是在捕食小杂鱼时将装有素饵的钓钩一并吞入口中而就擒的。这
种情况在肉食性鱼类较多的钓场时有发生。

第四章

钓鱼的基本方法

 第一节 钓鱼的基本方法

 1. 钓鱼前的准备工作

垂钓前的准备是垂钓成果好坏的重要因素之一。准备工作做得好，垂钓就顺利，成绩也比较显著；准备工作没做好，不仅事倍功半，而且容易受挫。准备工作大致有以下几个方面：

①鱼具、鱼饵要带齐、带足。钓具包括鱼竿、鱼线、鱼钩、浮漂、铅皮、铅坠、转子、太空豆、漂座、支架、鱼护、抄网以及附属用品（椅子、摘钓器、打窝器、剪刀）等。鱼竿要检查有无断裂、破损，最好手竿、海竿都带，并且要有备用份。鱼线粗细都要准备一些，钓过几次的旧线，要检查是否有伤痕。有伤痕要换新线；没有伤痕要剪去旧的结头，重新拴结。要检查鱼钩是否锋利，强度够不够，倒刺是否完好。鱼饵要多带几种，常见的鱼种饵料（包括诱饵）要带齐。即便是钓对象鱼，也要准备几种饵料。生活在不同环境的同一鱼类，所喜爱的饵料也是有差别的。

 **重点提示**

浮漂上端的标目要求明显、清晰，尤其是空心漂，要检查是否渗漏。检查的办法是：将浮漂放在盛水的容器中，用拇指和食指轻轻挤压漂的中部，如渗漏则会冒水泡。反之，则不渗漏。或放在肥皂水中检查，效果则更明显。鱼护和抄网要检查有否破损。如有，要及时修补。

②了解天气情况。雨天要准备雨具，晴天要准备遮阳伞、遮阳帽、长袖衣裤。暑天要带仁丹（或十滴水）、毛巾等。

③准备生活必需品。如干粮、饮料、创可贴、碘酊、酒精、红汞等。

2. 如何选择钓鱼的水域

（1）选择幽静的地方

对于钓鱼的地点，钓者可根据不同的水域状况来灵活选择和确定。但最重要的，也是唯一的要求就是要选择那些比较偏僻幽静的水域处下钩为好。比如，在河塘的某一人迹罕至的角落，在河流的拐弯处，在

山涧宁静的水潭边，在水草茂密的堤堰下。总之，垂钓地点的环境越安静越好。由于鱼喜静怕惊，因此，在水域环境响动太大的地方很难钓到大鱼。大鱼此时早已退避到安静的角落里去了，俗话说得好：钓鱼钓静，鱼篓丰澄，钓鱼不钓静，到头鱼篓空。

（2）选择水草多的地方

民间有句俗话，叫作"钓鱼不钓草，多半是白跑"，这话颇有些道理。钓鱼除了要选择安静的地方外，还要选择那些长有水草的地方下钩为好。因为水草之间是各类鱼理想的聚居地。它们热天可以在里

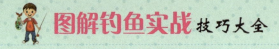

边避暑消热，冷天可以在里边取暖避寒。另外，水草之中还是各类鱼产卵的地方和各种幼鱼的摇篮，也是各类成年鱼寻食觅饵的理想所在。所以，在河塘之中长有水草的地方垂钓，一年四季都可进行。

（3）冬天选择有阳光的地方。

在冬天钓鱼时，在河塘之中要选择那些向阳背风的地方下钩。因为向阳背风的地方阳光充足，比较温暖，水底下的各类鱼大多集中在此。即便是冰封水面，进行破冰垂钓时，仍需选择那些向阳背风之处砸开冰层，入钩垂钓。另外，冬钓时还需下底钩、深钩。因为气候寒冷，各类鱼大多集中在水位的最底层。冬天钓鱼最忌在阳光照不到的背阴之处下钩，因为那里寒冷不堪，水底下很少有鱼，甚至根本无鱼，所以很难钓到。

 ## 3. 什么是素窝

所谓素窝，就是指以各种素食鱼饵打窝。如：各类粮食及其各种糠类；某些蔬菜及其某种植物等。用这些素食鱼饵打窝在民间是最基本的，方法也最简单，也最容易实行，比如用各种粮食打窝，就是将大米、小米、高粱、小麦、大麦、糯米等任选一种，投入垂钓处，即可成窝。若将上述这些东西用锅炒香，或加些佐料如酒、糖、香油之类，效果更好。用各种糠类打窝也很普遍，如：大米糠、小米糠、高粱糠、麦麸子，等等。因为这些糠类是各种粮食加工后的下脚料，在民间各地到处可寻。同时，用糠类还可节约粮食，诱鱼效果也不错。方法是将这些糠中的单一种放入锅中炒香，也可以几种糠混合在一起后放入锅中炒香，然后加水和成团状。加水程度是以手握成团，摔地即散为宜。使用时，将这些加水和好后的糠攥成团状投入垂钓处即可。

为什么用炒糠打窝需要加水拌和成团后再使用呢？这是因为各种糠类一般都较轻，如果炒好后将干糠直接投入水中打窝，那么这些干糠就会漂浮在水面上而不下沉。如果在流动的水域垂钓，这些漂浮在水面上的干糠就会被流水冲走，从而达不到打窝的目的。即使在静水塘中垂钓，由于干糠漂浮在水面不下沉，也不会引诱来各种大鱼，而只能招来一些小浮鱼来闹食。因为各类较大的鱼一般都在水底下聚集，水面上只有些较小的浮鱼游来游去。所以，只有将糠投入水底，使糠发出诱惑的香味来，才能招引各类大鱼来进窝索饵。使糠沉入水底的办法就是将炒糠加水拌和成团，使糠吸收水分增加重量，同时也更加有利于炒糠香味的发挥。

用各种糟、渣类打素窝效果也不错。这些糟渣是指：酒糟、醋糟、酱油渣、豆饼、麻渣、豆腐渣、粉渣、糖渣等。用上述各种糟渣类打素窝不需进行加工，直接将其扔入水中即可，用某些蔬菜和植物打窝在民间也较常见，这主要是用来钓草鱼之用。如将白菜、萝卜缨、芹菜叶、油菜、洋白菜或白薯秧、嫩青草、茭白梗等用刀剁碎，然后投入水塘中即可。

4. 什么是荤窝

所谓荤窝，就是指以各种肉类和各类动物、禽类骨头、内脏，以及各类昆虫等为饵打的窝子。比如：将各种肉（猪、牛、羊、马、驴、鸡、鸭、鱼、鹅等肉）用刀剁成肉末，可以剁单一的一种肉，也可以同时将几种肉一起剁。将剁好的肉末用防蚊蝇的尼龙纱包上，然后投入水中打窝即可。如果讲究些，还可将肉末过油炸一下，或放在火上烤一下，也可放些酒、茴香面或大料等调味品腌一下，这样效果会更好。

用各种动物或禽类骨头打窝也较普遍。这些骨头包括：猪、牛、羊、马、驴、鸡、鸭、鹅等动物的骨头，如果是生骨头可放在火上熏烤一下。如果是煮熟的或被人们啃食过的熟骨头，则可直接放入水中打窝，用骨头打窝的方法更为简单。首先选好钓鱼的地点，然后将上述骨头投入水中即可成窝。经过一段时间，各类鱼闻味后便纷纷入窝"啃"骨头，这时即可下钩垂钓。

用各类禽畜内脏打窝，主要是指利用禽畜的大小肠子。即将上面列举的那些禽畜的肠子用旧绳扎成团，每团重量在500～1000克为宜。打窝时，只需向垂钓处水中扔几团即可。用这类肠子打窝，生肠子和熟肠子均可，效果都不错。如在乡下的野外、路旁或村边经常发现和碰到的死猫、死狗、死猪、死羊、死鸡、死鸭，死兔，等等。将上述动物尸体开膛剖肚后，使内脏肠肚外露，但不要割下，让其连在体上，然后扔到河塘之中，即可成为上等的好窝子。即使动物已经腐烂变质、发出臭气也没关系，仍可用于打窝，因为各种鱼非常喜欢啄食动物上的烂肉。

用各类昆虫及各类野生爬行小动物打窝效果也挺好。但要将这些诱饵放入一只小眼笼子里，然后才能放入水下诱鱼，以免被各类鱼抢食一空后而不再索吃钩上的饵料。这些放在笼子里的诱饵是只供上窝索饵的鱼儿们观赏的。即便这些鱼馋得口水直流、急得围笼团团转圈也吃不到笼中的诱饵。在这种情况下，只要在窝子处下钩垂钓，笼外急于索饵的鱼便会纷纷咬钩。这些放入笼中充当诱饵的各类昆虫和野生爬行类小动物主要有：各种小活鱼、小活虾、小活蝌蚪，及各类小蛤蟆、水蜘蛛、油葫芦、各类蚂蚱、各类蚯蚓、各类虫子、蜻蜓、蝈蝈、蛐蛐、臭大姐、各种蝉、蝼蛄等等。

5. 根据水泡选择钓点

鱼泡是鱼觅食触动泥土发出的水泡，或是鱼吃食时嘴里吐出的气泡，但气泡并不都是鱼讯，有些气泡是水底腐殖质受热或被流水搅动上升的沼气泡，大小差不多，位置固定，间歇时间相近；而鱼泡有大有小，随鱼活动。这两种情况只要认真观察还是可以分辨的。

各种鱼发出的鱼泡是不同的：鲫鱼的鱼泡小而少，三三两两，如同珠子，放出的速度慢，距离长；鲤鱼鱼泡放出三四个似樱桃大小的气泡，往往先吐一个大的，然后连续密集上升，距离较近；草鱼鱼泡先上来单泡，略大于鲤鱼和鲫鱼鱼泡，随后又不断地上升四个气泡为雌鱼，若间断上升单气泡为雄鱼；鳊鱼鱼泡似黄豆粒大的气泡，一次连续上升五六个，泡距离较长，消失速度快；鲢鳙鱼较其他鱼多，气泡先大后小，一次放几个，移动还放；黑鱼鱼泡随动随放，形成连串气泡，似花生米大小，距离小，速度快；泥鳅的鱼泡细而密，成串，呈现泡沫状。鱼大鱼多鱼泡也大也多；鱼小鱼少鱼泡也小也少。观此鱼泡，可识别水下鱼种，可因鱼施钓。

6. 怎样打窝

钓鱼打窝必须将季节、风向和地点三者结合起来考虑。打窝能够聚鱼，是因为诱饵在水中散发某种鱼所喜欢的气味。无风浪的静水里，气味的传播并无一定方向，是缓缓地向四周扩散；而在有风浪的情况下，这种传播却具有明显的方向性，即顺风迅速传播。如果下风处鱼多，集鱼就多，鱼群会循味顶浪而上，聚到窝点；反之，下风处无鱼或鱼少，饵窝就不能起到较好的集鱼作用。每个钓点两侧的水域宽窄往往不同。一般说来，水域宽阔的一侧鱼大且多，水域窄的一侧鱼小且少。因此，必须对季节、风向和地点进行全面分析和综合考虑后再打窝。

春季，下风一侧为宽阔水域的侧风一岸打窝效果较好。白天鱼群大多聚于深水边沿的浅滩处，在侧风一岸打窝，诱饵的气味就能随着风浪，顺着边沿的浅滩传得很远，会引来大量鱼群进入窝点。在春季打窝，窝点打在水草、木桩等物体的下风一侧效果好，原因是物体阻挡风浪，使其下风一侧的水体相对稳定，造成鱼群久留的条件。

夏、秋两季，鱼多在深水中，因此饵窝打在下风处为宽阔深水的一岸效果好，侧风一岸效果差。

在调试好水线、选好钓点、将钩投入钓点之后进行打窝，才能把窝打得准。打窝不能完全根据水面上浮漂所在的位置来进行，否则易造成窝点偏差。另外，饵团抛过了钓点或正落于饵钩上，都对垂钓不利。因为这和鱼的摄食习惯有关。饵团入水后，很快被水泡开，散摊于水底，没多久，就会扩散到较大的范围。如果是一次投几个饵团，其范围就会更大。这时，鱼小心翼翼地从边缘开始往里吃食，等吃到中心有钓饵的地方，也就吃饱了。因此，饵团正好落在钓点不好。饵窝最好打在钓点的内侧（即近岸一侧），距离饵钩半尺到一尺远处。这样，当饵团在水底扩散后，能使饵钩正好处于饵窝的外侧边缘，容易被鱼发现。

让饵钩处于饵窝的外侧，还有一个重要的原因。当鱼群聚到窝点时，往往是大鱼在外侧（大鱼比较狡猾，总是同人和竿离得远些），小鱼在内侧和左右侧，而且，外侧鱼的密度大。因此，投钩点选在窝的外侧上鱼多，内侧上鱼少且小。

打窝时窝不宜过大，更不要在一个地方同时打几个窝。窝打的面积很大，或在一个地方同时打几个窝，可能引来鱼多一些，但不能使它们集中在一个较小的范围，钓点上鱼的密度会相对减少。一处窝引来的鱼的数量总是有限的，不能让有限的鱼分散在大的范围。

　　打窝后不能急于垂钓。这是因为鱼进窝有一定的过程。一般说，春秋两季，鱼大量进窝约需半个小时，夏天需 10~20 分钟，冬天则需要 1~2 小时。如果不等鱼大量进窝就钓，容易惊吓鱼不敢进窝。羊群里有头羊，鱼群中也有头鱼。头鱼不进窝，多数鱼也不会进窝，就是已经进窝的鱼也会很快离窝的。因此，必须等头鱼进了窝，放心地大量摄食时再垂钓。

7. 如何挂鱼饵

下面着重介绍面食、蚯蚓、小虾、小鱼和红虫的挂法。

面食的挂法。根据鱼钩的大小和面食的软硬来确定面食钓饵的大小。通常是钩大挂大食，钩小挂小食；面软挂大食，面硬适当减小。

钓大鱼时应使钓饵全部包住鱼钩；钓小鱼时可将面食挂在钩尖上，其形状最好是团状、球状、梨形和圆柱形。

注意：挂面食时不要露出钩尖。

蚯蚓的挂法。最好挂整条的活蚯蚓，蚯蚓在水底蠕动会吸引鱼类视线。如果鱼钩小，可将蚯蚓截成两段，从截断处挂钩，这样蚯蚓还可以蠕动。切勿把蚯蚓拍死再挂钩。

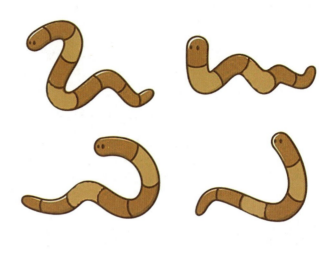

此外，挂蚯蚓还要求"前不露（钩）尖，后不露肉"；前露钩尖和后露肉都是不正确的挂法。因为前露尖鱼不肯食饵，而后露肉鱼从此处啄食，即使送漂儿也无法钓到。

小虾的挂法。用小虾做钓饵时，要从虾尾向虾头方向挂食。挂食前应将虾须去掉，以免小鱼啄须送假漂。

小鱼的挂法。挂小鱼要顺脊背向头方向挂钩，而且必须将钩尖露出脊背，否则被鱼咬钩了还容易脱钩。

红虫的挂法。事先用红线将 5 ~ 6 条红虫（多一些也可以，视鱼钩和红虫大小而定）捆在一起，然后挂在鱼钩上。

8. 钓饵装钩露不露尖

钓饵装钩是否应露尖，在钓界各持己见。有的认为露尖提竿命中率高，也有的认为钩尖隐蔽可增加咬钩率。

从垂钓实践来看，不能一概而论，应视钓什么鱼、用什么饵、在什么环境下垂钓，而作具体分析。

在南方水清、能见度高的静水中钓鲫鱼，无论装钩是蚯蚓，还是面团，钩尖以不露为好。特别在经常垂钓的"窝子"中，鱼对钓饵的色、形、动态均有高度的戒备，露尖对咬钩率有影响。在北方水质较浑浊或有水流的区域钓鲫，露尖钓就无大碍。

从夏、秋季节悬钓草鱼的实践来看，钩挂青草、菜叶、蚂蚱、油葫芦等，露尖与否则无大影响。

我国北方钓友用于钓取花白鲢的"飞钩"不仅露尖，而且每只钩都故意全部暴露在饵料外面垂钓。其原理是利用花白鲢不吞食饵料，而喜吸吮雾化的酸糟食的习性，特意将酸饵装放在四周冒着多钩的器物中。当鱼儿想要吸饵时，先吸到刺在外面的鱼钩，便自动上了钩。

9. 如何试位

垂钓地点选好后，不要急于投诱饵，要先试位，以便探明水底的情况。在江河湖泊与塘沟渠道试位的方法各有不同。

在江河湖泊中先试水流速度，把鱼线放入水中，不一会连浮漂都被冲入水下，说明流速过大，不能钓；如果鱼线投入水中，浮漂缓缓

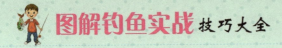

沉入水下，可加重铅坠，使鱼钩在水底不被水冲移动。不同类的鱼，个体大小能克服水的流速有所不同，一般来说，流速快的水域中稳不住鱼，不宜下钓。如果水的流速适中，再把鱼线放入钓位附近的几个不同点（直径1米的范围内）。如果水底忽深忽浅，则不能垂钓，否则垂钓时会忙于调整浮漂和钩子的间距。如果水太深（250厘米以上）或水太浅（不足50厘米）也不好垂钓，选择在70~150厘米水深的地方，因淡水野生鱼类喜欢在较浅的地方觅食。如果发现水下有障碍物的地方应避开。总的来说，通过试位来选择水底流水较缓、地势平坦、无障碍物、水深度适中的钓位。

在塘沟渠道应先选择好垂钓人在岸边的位置，岸不能太陡，所选的位置要使人能站立、能蹲又能坐。钓位到站位的上方没有树枝、电线等，以便于提竿时不挂鱼线。塘沟渠道的底部往往长有海绵状的水藻，试位时鱼钩沉入水中，如果在同一地点，鱼钩有时能沉到水底，有时沉不下去，而将钩慢慢提起时，钩上挂有一缕缕像线一样的黄绿色水藻，这样的地方就不能垂钓。因为鱼钩沉入水后陷入水藻中，鱼很难发现钓饵。在塘沟渠道中垂钓，也应选择水底流水缓、地势平、无障碍物的地点。

10. 如何甩竿

常用的甩竿方法有大回环甩竿法、半回环甩竿法、小回环甩竿法、送入法四种，简介如下。

（1）大回环甩竿法

利用手臂和身体的力量，通过一个大范围的圆周运动（回环），在大回环达到最高点时，迅速而有力地向前甩出鱼竿。这个动作需要足够的空间，因此最好在开阔的区域进行。

（2）半回环甩竿法

钓者在甩竿时，通过控制竿身的摆动幅度和力度，使钓组以半圆形的轨迹甩出，从而避开障碍物，准确地将钓饵送达钓点。可用于岸边有障碍物的场所，但钓区上面空间没有障碍物。

（3）小回环甩竿法

通过较小的环形动作将钓饵送入钓点的方法。它适用于那些岸边有障碍物、钓区空间狭窄或人群拥挤的钓鱼环境。

（4）送入法

在垂钓区空间有障碍物或钓区岸边人员拥挤的情况下，采用此法。操作时，右手握竿，左手轻轻拉紧钓线，然后右手抬竿左手同时撒线，利用竿尖的弹力轻轻将钩、漂送到预定水域地点。采用送入法的好处是准确、轻松，不妨碍他人垂钓。

11. 如何观察浮漂

鱼的种类不同，摄食习惯也有所不同，这些差异能从漂的反应上分辨出来。鱼咬钩的表现，除了鱼的品种不同之外，鱼的饥饿程度不一，摄食的反应也不一样。饿鱼夺食，它会一反常态，猛追猛抢。养鱼池

的鱼因食物充足，不如野鱼夺食凶狠。鱼的反应迅速和迟钝、快和慢，都能从浮漂上反映出来。

鱼摄食易受外部条件影响，如水温、水中含氧量、水的肥瘦，都导致鱼摄食情况的变化，反映在漂上就有所不同。即使是上述条件都相同，水的深浅不一，垂钓的方法不同，漂的反应也不一样。如果我们既了解鱼的生活习性，又掌握了鱼在特殊条件下摄食的各种变化规律，那么只要鱼咬钩碰动浮漂，就能从漂的变化中将它们认出来。用手竿垂钓，经常遇到以下几种鱼咬钩后的漂上的反应。

（1）小杂鱼闹漂

这是最易于识别的漂态：浮漂不停地颤跳横移，或拉没或拉倒。调得愈灵敏的漂，其跳动愈激烈，钓友们形象地称为"会跳舞的漂"。它主要的特征是除浮漂做不规则的跳动外，就是浮漂轻浮，有一种飘动感。这是因为成群小鱼夺食，你拉我拽，使浮漂飘忽不定造成的。

许多老钓友见到这些铺天盖地的小家伙，也苦无良策，钩上有饵它就闹，饵抢光了，漂也不动了。对付它的办法无非是将活饵改面食，将软饵改硬饵等。这些招数也仅仅是缓解小鱼的玩闹。可是换上小鱼不爱吃的钓饵之后，大鱼也无兴趣，影响上鱼。

对小鱼闹漂，另有一种带有积极意义的评价：认为投下饵料，首先是小鱼进窝，为大鱼充当先锋，当大鱼见到小鱼在摄食时，它会立即过来抢食。小鱼闹漂时钓不到大鱼，当小鱼突然不闹了，那就预示着大鱼来了。"大鱼到，小鱼逃"，这时要盯浮漂，准备大鱼咬钩。

（2）鲫鱼托漂

鲫鱼属底层鱼，也是在水底觅食，见到钓饵，先拱后噏，将它吸入口中，随即抬头，水面浮漂的表现就是先点几下，而后被托起来，这就是鲫鱼咬钩最典型表现。不论是夏钓还是冬天进行冰钓，鲫鱼咬钩送漂都是这种表现，只是水温低时，送漂稍显乏力。如果准备的是小钩细线和钓鲫的香甜饵，出现上述送漂现象，可以肯定是鲫鱼咬钩。

（3）鲤鱼拉闷漂

鲤鱼和鲫鱼的口味基本相同，香甜饵及蚯蚓、红虫，鲤、鲫都爱吃。垂钓时从它们咬钩拉漂的动作中很容易区别：鲤鱼咬钩拉漂显得稳重有力，大多数是拉没浮漂。

鲤鱼由于个体大，有力量，咬钩后，浮漂的反应是先微微点动几下，随即就拉漂入水。如果能在淹没漂和走漂时提竿，十拿九稳中鱼。不同的只是养殖场的鲤鱼由于饵料充足，竞食性不强，拉漂略显缓慢。在饵料稀少的大面积水域，鲤鱼咬钩拉漂动作粗野，其力量比池养鲤鱼大得多。

（4）草鱼咬钩变化无常

经常钓草鱼的人会发现，草鱼咬钩的情况是随着垂钓的方法不同、使用钓饵以及水温的不同等而有所不同。如在水温合适、水中含氧充足时，草鱼会显出十足的拉力，不仅拉漂，而且动作突然，不似鲤鱼、鲫鱼先有小动再拉漂，而草鱼经常是在事前毫无动静，突然将漂拉动，紧跟着冲撞拽线。如果水温稍低，又是底钓，它可能表现为咬钩轻，且不拉漂，而且只在一二目间升降起伏。若在深秋，水温进一步降低，草鱼咬钩还有一招新鲜的表现，就是含饵不动。

以上所说，仅是鱼在正常情况下摄食反应。但鱼有时也会越出常规，发生一些不规则的变化。极个别的情况不能作为判断某种鱼咬钩的依据。

重点提示

鲤鱼和其他鱼一样，在外部条件发生重大变化时，摄食的习性也会有重大变化，属底栖性的鲤鱼可能循温追食游到水的中上层来；本来爱吃香甜饵的鲤鱼，也可能吃酸臭饵，有时还可能出现大送漂，不过它这种送漂的态势，与鲫鱼有明显区别，那就是快速有力。这些只能说是鲤鱼的非正常表现，可作为知识去认识鲤鱼，不可作为钓鲤鱼的依据。

12. 如何调浮漂

调整浮漂是钓鱼时常遇到的事。因为池塘或河里的水是有深有浅的，水底也不十分平坦。垂钓者从甲位置移动到乙位置垂钓，水的深浅会有变化，那么在甲位置调好的浮漂到了乙位置就不管用了，又要花费时间多次移动浮漂。若是甲乙钓位鱼情不好，需再换位垂钓，可能又得调一次浮漂。每换一次钓位就得重新调整一次浮漂是件费时又无效益可言的麻烦事。以下介绍两种调漂的方法。

（1）在鱼竿上划标尺

浮漂的位置通常在鱼竿的中部位置。按5厘米一格或10厘米一格用油漆画出数格。其颜色按鱼竿的颜色来定，若是黑色鱼竿就用浅色油漆，若是浅色鱼竿就用深色油漆。漆干了以后，在鱼竿上就形成了一种标尺。使用时若在水域甲处钓鱼，将浮漂靠近标尺，看顶端（或末端）对应的是标尺的几格，心中记住此数字。若第二次返回该处时就按记住的格数调整，可以一次成功。

假如你在甲处垂钓，浮漂顶端对应的是"7"，后来你到乙处垂钓，浮漂顶端对应的是"6"，若第二次回到甲处垂钓时，就将浮漂的顶端向上移到"7"处就一次成功了。

到其他位置垂钓调漂，记标尺数字方法同样。一次垂钓不可能到很多位置下钩，多半是两三个位子，脑子里完全可以记住，况且数字不会差得太多。

（2）用彩色橡皮筋做标记

其原理同上面一样，只是不在鱼竿上划标尺，而是用几种颜色的橡皮筋按等距离系在鱼竿上，记时不是记数字，而是记颜色。如在甲处垂钓浮漂的顶端对应的是红色橡皮筋，第二次回甲处垂钓时将浮漂仍对准红色即可。此方法更为方便，根据水的深浅不同，在鱼竿的不同部分绕橡皮筋。

13. 如何防止小鱼捣乱

在很多水域中，一般都是大鱼小鱼并存。在打窝后，小鱼率先而至，它们抢食凶猛，浮漂被扯得满塘跑，时而顶漂，时而拉漂，我们忙得不亦乐乎，可又钓不上鱼来，钓饵被吃光，钓友遇到这种情况，大失钓趣。这时不妨采用下列方法来排除干扰。

（1）改变诱饵配方

小鱼对炒豆粉、炒芝麻粉、香油等香味料很感兴趣，闻香即来，在诱饵周围穿梭来往，若发现该水域中小鱼多，在诱饵中即要改变配方，投大鱼爱吃的饵料，少加上述香料。

（2）变换钓饵

小鱼对蚯蚓类荤饵最感兴趣。当荤饵一下水后，小鱼便群起而抢之，遇到这种情况，要及时变换钓饵。因小鱼对素饵类不感兴趣，可改用饭粒、面饵、糠饼粒、豆饼粒等钓饵，这样可大大减少小鱼的干扰。另外，加大钓饵体积，小鱼嘴小吞不下，也可减少小鱼干扰。

（3）弃浅水，钓深水

渔谚曰："深水钓大鱼，浅水钓小鱼。"这就是说大鱼一般生活在深水处。因此，可在就近找深水区重新下窝，小鱼惧怕大鱼，很少涉足深水，故在深水处小鱼干扰较少。

（4）窝外钓

如在窝内发现小鱼很多，这时可试着将钓饵投在窝外围，即在离窝50～80厘米处的水域下钩，这里小鱼密度小，大鱼也在附近徘徊，可以钓取不愿与小鱼争食的鲫鱼、鳊鱼等。

（5）开设诱小鱼窝

发现打窝处小鱼多，可在原窝的上风处1～2米的地方另下一个香味更足的粉类诱窝，使小鱼趋香而去，这样可大大降低主窝中的小鱼密度，也就可减少小鱼的干扰了。

可以说，小鱼干扰垂钓是每一个钓友都会遇到的问题，也是目前难以彻底解决的难题，且每个水域中的情况并不一样，钓友可根据当地具体情况，及时改变对策，相信一定会有理想的收获。

14. 如何补窝

在手竿底钓中，诱饵的作用十分重要，它将周围的鱼引诱、聚集在一起，然后再用钓饵施钓。一般外出垂钓，少则半天，多则一天。在这么长的时间里，一个诱窝不可能持续这么久。因此，在垂钓过程中，必须适时补窝，使鱼恋窝不走。在补充诱饵时，应当注意以下几点。

（1）入水轻

在补窝时，窝点处已有鱼类聚集，而鱼类是怕惊吓的，一旦受惊即会逃之夭夭。在补充诱饵过程中，动作必须要轻，就是说饵料入水要轻，声音尽量要小。因此，补充诱饵时不能用手撒向水中，那样，诱饵入水时的声音就会将水底的鱼惊跑。应将诱饵置于撒饵器中，慢慢趋近水面，轻轻入水，将诱饵倒于窝点处。

（2）数量少

数量少是指补充诱饵的数量应相对比第一次撒诱饵的数量少。因为在窝里的鱼已吃了不少饵料，有的已是半饱，再多撒饵，鱼吃饱了就会对钓饵不再感兴趣，不再咬钩了。若原窝里鱼就很少，那么再多补便是浪费。

（3）补窝勤

补窝勤是指补充诱饵的次数要多，这是为了使鱼留在窝子里，并不断上钩。在垂钓时最好打两个或三个窝。如在甲窝里钓上几条鱼后，再转钓乙窝时，应在甲窝里追补少量诱饵，以便过一会再来钓。这样轮钓、勤补，可引诱鱼不断进窝，不愿离窝。

（4）饵料精

饵料精是指所用的诱饵质量要好，后面补充的诱饵应比第一次撒的诱饵质量更好，即少而精。如开始时撒的诱饵以糠粉、麦麸为主，补撒时就应在原来的诱饵中再加入炒香的黄豆粉、芝麻粉、鱼粉等，使香味更浓，对鱼更有吸引力。补充精细饵料使吃到补撒饵料的鱼感到可口、好吃，越吃越爱吃，越吃越不愿离开窝。

15. 鱼不咬钩怎么办

确定水中有鱼，可就是不咬钩，打窝一两个小时浮漂仍是纹丝不动。鱼不咬钩有多方面的原因，需要认真分析原因，只要找到了症结，对症下药，问题便迎刃而解。一般应从以下几方面查找鱼不咬钩的原因。

（1）饵食是否对路

平时用某一种饵料总能钓上鱼，同是一种饵料，这次鱼却怎么也不咬钩时，我们会感到十分茫然。其实，鱼的口味会发生变化，这跟水域、水情、季节等许多因素有关。至于鱼的种类不同，食性各异，就更不用说了。假如你对所钓水域的情况比较熟悉，可先从钓位、水情等其他方面查找原因；如果是生疏的钓场，又确实有鱼，则饵食对不对路，应是首要的一条，其道理是不言而喻的。

怎样才能知道饵食对不对路呢？这就要靠试验了。如用的是酒泡小米撒窝、蚯蚓装钩，无鱼上钩，换别的饵食再试。喂窝个把钟头还不行，换一种饵再试验，把带去的饵料逐一试遍，看哪一种上鱼。只要有一条鱼咬钩，就说明该种饵食是对路的。如果带去的饵食种类太少，可在岸边就近捉些蚂蚱、小蚯蚓、虫蛾类昆虫或小鱼小虾试一试，说不定会使情况有所改观。也可以参考周围钓友的用饵情况和效果。

此外，应当考虑到垂钓时间是不是适宜，如果不在旺食时段，鱼就不爱张嘴吃食。比如北方地区夏季垂钓有早中晚三个旺食时段，不在这三个旺食时段，下钩后往往一小时不开张，也属于正常，需要耐心等待。

（2）钓位钓点选得是否合适

如果钓位选择不当，此处无鱼，当然无鱼上钩。或者钓点选的不是地方，或过浅过深；或水底有暗草，饵钩落不了底；或大水面的平直地段，鱼不在这里停留，更非鱼道或鱼窝。撒窝一两小时，窝内毫无反应，邻近的钓友也无鱼上钩，就有另选钓位的必要。这时最好先绕钓场勘察一番，看哪里有合适的钓位，哪个钓位爱上鱼，确定有好的钓位再换。如果这时邻近的钓友开始上鱼了，可在原处坚持，在饵食、钓具或垂钓方法等上面采取必要的措施，等待"好运"的到来。

当到一个陌生的钓场垂钓时，切莫急于下钩，需记住"三分看钓技，七分靠钓位"的鱼谚。一定要先转一转，看一看，凭经验目测，可大致判断出钓位的优劣；用重坠空钩可试出水深水浅；通过轻拉回拖，观察浮漂状态，可判断水底有无坑洼沟坎和暗草。总之，一定要把钓位钓点选在鱼游动觅食的必经之地和集聚栖息的场所。

（3）水情方面

水位上涨过快过猛或回落过快时，鱼四处奔逃不咬钩，将钓位选在深水区，偶有所获；流水中垂钓，流速过快，鱼不在这里停留，应选择流速较稳处下钩；水过于浑浊，饵食难以被鱼发现，使用白色、黄色或香味浓重的饵食，效果会好一些；水质过肥、鱼不爱咬钩，用普通饵食很难奏效，用蛆饵，或用酸臭、腥、膻味较重的饵食，能引起鱼的兴趣。再就是钓点水域的深浅，与鱼的活动规律不相符合，应及时在钓点附近调整深度或另换钓位。

（4）天气情况

天气的好坏对鱼的摄食有直接影响。比如闷热天气、浓雾天气、连续阴天、雷雨之前，气压就会降低，水中鱼憋闷难受，不想进食，不是"钉"在水底不动，便是浮到水面吸气。这时即使把最好的饵食送到鱼的嘴边，也无济于事。还有刮大风的天气，鱼在水底既不动弹，也不咬钩。这样的天气，即便把钓位选在树荫下、水草边或是深水与浅水交界处，也不会有多大效果。最好的办法就是"打道回府"。如果能预测天气很快变好，可以等待，因为"大风过后好钓鱼"。否则的话，还是赶快收竿的好。

更多的情况下需要灵活应变。如果天气无明显变化，开始时正常上鱼，后来不再咬钩，说明钓位、钓饵没有问题，就应该在鱼的游动水层上找找原因。因为随着太阳的升高，水温同步升高，如果是夏秋季节，鱼便由浅水域转入深水域，或者由中上层转入中下层活动，这时就应该将钓点向深处延伸，改浅水域的底钓为深水域的浮钓或半水钓，情况就会好转；如果是春末冬初季垂钓，天气渐凉，水温较低，鱼游动缓慢，活动范围较小，只有等到太阳升高时，选择背风向阳较深水域或深水浅水交界处，挂荤饵，方可有所获。

如若发现鱼频频起跳，惊慌逃窜，预示着天气要变坏，表明不宜垂钓，应收竿回家。

（5）是否受到外界干扰

除罗非鱼外淡水鱼都害怕受到干扰。岸边喧嚷的人声、来回走动的脚步声、频频挥竿发出的声响、身影竿影的晃动以及白色衣服的反光等等，都会惊跑鱼群。特别是挂鱼船只敲打铁、木器发出的尖锐刺耳的撞击声音，更会吓得鱼惊慌逃窜，不会咬钩。

重点提示

鱼不咬钩时有必要检查一下钓具，看看有没有毛病。主要是看钩尖是否外露，钩尖外露会使鱼害怕不敢上前吃饵；钓饵是否脱落；铅坠是否过轻，致使饵钩悬空，达不到鱼的索饵层；钓线是否过粗或者鱼钩过大，使得小型鱼吃不进去；水域中下层是否有障碍物拖住了饵钩落不到底等。发现上述问题应及时处理。

16. 如何把握咬钩的信号

鱼咬钩信号是通过浮漂传递给钓者的，浮漂以不同的信号报告咬钩讯息，钓友观察浮漂的动向提竿起鱼，是垂钓中最有兴致、最兴奋、最愉快的事，个中妙处难以用言语表达。常常见到这样的情景：众多钓友云集，技艺娴熟的钓友频频举竿得手，而技艺稍逊或经验不足者收获甚少，甚至上钩的鱼又逃之夭夭。这就是一定要研究咬钩信号和提竿时机的原因。

由于鱼类的食性和食饵方式不同，故浮漂的反应形态也有所不同。综括起来，有送漂、闷漂（亦称黑漂）、斜漂、抢漂、点漂、移漂等，这都是某几种鱼类咬钩的反应，垂钓者必须在刹那间迅速做出反应，提竿起鱼。

（1）送漂

鱼头朝下尾朝上吃到鱼饵后扬头起身欲游时出现的现象，这是典型的鲫鱼咬钩信号。如是鳊鱼，浮漂上送速度较鲫鱼快，也有鲫鱼咬钩不送漂的，但只是在水很

浅的地区或流水区。其他如鲤鱼、草鱼也有送漂的情形，但浮漂的摆动幅度都较大，且送漂也是偶然现象。

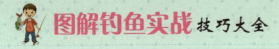
（2）闷漂

浮漂先是抖动几下，而后徐徐下沉，这多是鲤鱼咬钩的反应。有时青、草鱼也是沉漂，浮漂抖动得越沉稳，下降的速度越慢，说明越是大鱼咬钩，思想要有足够准备。

（3）斜漂

浮漂先升后沉动作温柔缓慢，连续沉浮两三次，然后水平方向被徐徐拖走，且浮漂持续隐约可见，这多是草鱼。浮漂斜向下沉且速度较快，则很可能是青鱼。因为它们吞食都是自下而上，草鱼得食后平游而青鱼多下潜。如是鲢、鳊，走漂速度较草鱼快。

（4）抢漂

这也是常见到的状况，钩子一落水就被贪食的鱼类发现，咬住就跑，鲶鱼、黑鱼多是这种食态，在一般塘、堰则又多是白条鱼的动作。

（5）点漂

浮漂频频点动，且时沉时冒，东游西走，起竿无鱼，这就是小杂鱼在捣乱。遇到这种情况，换大一些的硬食团，避免频频举竿。

（6）移漂

浮漂微微摆动，先不沉降，后时沉时降，浮漂位置平移，这多是虾类索食动作，竿起得快时，它们的双钳还未松开仍可钓得，但多数起竿时中途落水。有虾无鱼时最好移动位置，"钓鱼钓到虾，赶快就搬家"。但若是浅水垂钓（30厘米左右深），鲤鱼咬钩也常有这种浮漂表现，水浅没有闷漂或送漂的余地，所以会出现移漂现象。

17. 鱼钩被挂住怎么办

鱼钩在水里被水草、树枝、藕秆、石头等障碍物挂住，而拉不起来，应采取以下处理措施。

①切忌生拉硬扯，应先放松鱼线，再轻轻提竿抖几下，鱼钩多能脱出。

②把鱼竿梢放到水面，使被挂住的鱼钩变换位置，再轻轻向自己的方向提拉。

③放松鱼线，等一段时间，让鱼再吃鱼钩上的钓饵，使鱼钩变换位置，脱离障碍物。

④如果能将障碍物弄到岸边，可用手取出鱼钩。

⑤如果水浅，钓者可下入水中，把鱼钩从障碍物上取出来。

⑥如果以上方法都无效，只有舍钩、舍线，保住鱼竿。慢慢转动鱼竿，把鱼线、浮漂都绕在竿上，然后用力拉，鱼钩、鱼线或许被扯断，或许丝毫无损地被拉出来。

18. 怎样避免断线折竿

造成断线的主要原因如下。

①鱼线偏细。碰上大鱼上钩，线细承受不了鱼的强大拉力而被拉断。这就要求钓友对所垂钓水域中的鱼种情况，事先有一个大致的了解。根据所钓对象及其大小来选用相应规格鱼线。不可一味求细，求灵敏度。诚然，线细有明显的优越性：上鱼率高，反应灵敏，而且手感也好。但不能忽略是在保证强度的前提下。

②鱼线受损。鱼线或变形或起毛，或反复弯曲及扭转，或硬弯，或死结，或使用时间太长而老化，这样的鱼线根本不能再用，应立即换掉。

③鱼线质量太差，属假冒伪劣产品。在购买时应仔细检验，千万不可贪图便宜，俗话说"便宜没好货"。当然也不一定越贵越好，关键是看性能，要进行认真的检验。

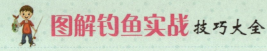

④提竿用力过猛。这也是造成断线的一个主要原因。

⑤遛鱼方法不当。形成与大鱼"拔河"之势，或者未能将鱼牵出障碍区，让鱼窜进了水草丛、芦苇或乱树枝等障碍物中，或者鱼未被遛乏便急于起鱼，结果造成大鱼挣断钩线而逃脱。

钓上大鱼必须按照遛鱼要领牵遛。如果逃窜力大的鱼种，例如草鱼，更要注意，遛的过程中，伺机还要再"顿"它一两次，目的是将其嘴扎深扎透。只要是大鱼，必须把它遛得精疲力竭、毫无反抗能力时，方可拉近岸边，即使到了这个地步，也还是马虎不得，须提防"狡兔三窟"。

19. 为何在别人的窝内钓不上鱼

有位钓友说，有一次他去钓鱼，半天不见动静，只见旁边一位钓友连连上鱼，他便凑过去将竿伸到别人浮漂附近，结果还是不上鱼，但那位钓友仍然频频起钩，不知这是什么原因？

别人能钓上来，说明人家的钓饵对路，方法对头。你不上鱼，并不说明你原来的钓点无鱼，要从多方面去找原因：如自己的钓饵对不对路，钓具的组装匹配是否合理，垂钓的操作技术是否熟悉等，绝大多数不上鱼的原因是对上述问题处理不当，很少是因为钓点无鱼。

再说，在同一钓点上，鱼爱吃别人的钓饵，而不爱吃你的钓饵。在这种情况下，你不仅不应趋前，而且还应躲开钓饵好、上鱼快的人，离开他影响的范围。如果另觅钓点，虽然钓饵差一些，但在无对比的情况下，鱼还是有可能咬你的钩。不少钓友都有这样的经验。当然，如果钓饵完全不对路，那你将钩下到任何地方，都会是"无鱼问津"。

到人家钓点上去钓鱼，还有两点弊端：一是将鱼惊走；二是鱼不爱吃你的饵料，会弃饵而去，结果造成大家都不上鱼。这种情况屡见不鲜，常会因此造成钓者之间的不愉快，故不可取。建议从多方面去寻找不上鱼的原因，从根本上迅速提高自己的钓技。

常言道，"挪挪窝，钓得多。"这是指初次到一个陌生的钓场钓鱼，一时难于找到鱼群洄游通道和觅食区，钓友不要死守钓窝。若在一个窝钓一两个小时不上鱼，就应重辟新窝。如深水不咬钩，就改钓浅水；阳坡不上鱼，就改钓阴坡；大水面不景气，就到湾湾下钩。如此挪窝，三挪两挪就可能摸到鱼群洄游通道和觅食区，避免空篓而归。

20. 如何把握提竿时机

在看到浮漂信号后，紧接的一瞬间就是提竿起鱼。恰当把握提竿时机是决定垂钓成败的关键技术。而提竿意识的强弱，提竿时机的把握，又来自能否准确判断鱼已吞钩这一瞬间，既不要迟，也不要过早。在实际垂钓中，浮漂的反应又会因鱼的种类、水的深浅、坠的轻重、饵的种类和软硬强度以及垂钓季节的不同而不同，所以提竿时机也就不能笼统视之，若想提高自己的钓技，不能不去精细研究。

（1）提竿的迟早要因鱼而异

熟悉不同鱼类摄食时浮漂发生的不同变化及其规律，才能恰当地把握提竿时机。如鲫鱼，其摄食特点是发现食物慢慢游近，俯首抬尾将食饵吸入口中，然后抬头上浮，若发现异样旋又吐出，这一过程反映在浮漂上先是抖几下，然后轻轻下沉，随即明显上浮，这就是最典型的"送漂"，这时提竿，一般可获鱼。与鲫鱼不同，虽同属底层鱼，鲤鱼是发现食物吞入口随即向远处游去，这一过程反映在浮漂上是略微抖动，然后浮漂呈斜向沉入水中，此时提竿较易命中。

（2）提竿时机要因时而异

大自然有春夏秋冬四季变化，一天之中有昼夜之分。鱼类的摄食行为相应地受到影响，所以提竿的早晚也要随之改变。春天万物复苏，鱼类开始到浅水处活动。早春由于水温较低，鱼的活动量小，摄食动作比较轻微，反映到浮漂上的幅度也较小，很少出现大的沉浮。此时垂钓，提竿宜早不宜迟，否则空钩居多。到了晚春，鱼产卵后急需补充营养，对饵料的需求量加大，甚至饥不择食，此时垂钓提竿宜迟不宜早。夏季鱼的食欲平淡。入秋以后，食欲转旺，摄食沉稳。钓者可根据现场鱼情适当把握提竿时机。入冬以后，鱼的活动量大大减少，有的鱼甚至闭口冬眠，非鲜美可口之物难以引起它们的兴趣。况且因水凉，鱼嘴张得也小，

咬钩动作轻，提竿宜早不宜迟。夜间垂钓时，不论手竿海竿，提竿动作应比白天慢一个节拍。因为鱼在天黑人静到岸边觅食时，几乎没有警觉性，吃钩贪，常咬死钩。

（3）提竿时机要以水域情况而异

可供垂钓的水域是多种多样的：有江河湖泊，有沟渠池塘，有流水也有静水。由于钓场的不同，相应水的深浅、瘦肥、酸碱度、含氧量和

泥沙成分的多少等情况也不同。提竿时机要视水的深浅而异。传统钓法中，铅坠多是沉底的。鱼衔饵上游或下沉时，先带铅坠，浮漂随之做出反应。水浅，入水的线短，鱼一游动浮漂立刻上升或下沉；反之，入水的线就长，鱼索饵动作通过鱼线从水下传递到水面就需要一段时间。这个时差，给钓者选择提竿时机提供了依据，如果在深水中垂钓等到送漂或闷漂才提竿，就已经耽误了提竿的良机，即使钓到鱼，也是贪食的杂鱼居多。所以在深水中垂钓，浮漂略有上升或下沉，便可提竿；与之相反，在浅水中垂钓，则应让浮漂出现大幅度的送漂或闷漂再提竿。

（4）提竿时机要因饵而异

荤饵中的蚯蚓、蛆虫都有一层薄皮，鱼先是吸入口中品尝一番才衔饵游走，因而浮漂动作时间长些。使用面饵或商品鱼饵时，由于饵的硬度差，不耐水浸泡，入口即化，省去了鱼品尝过程，浮漂动作时间就比较短。

由此得出结论：使用硬度高的钓饵及荤饵，提竿可晚些；使用软饵或高雾化饵，提竿应早些。

重点提示

提竿早晚要视现场水情而定。在水肥的塘中垂钓，由于鱼不缺食物，吃饵非常习。浮漂反应幅度很小，只要略有迟疑，便会错失良机，故提竿宜早不宜迟。而水质瘦的鱼塘，因食物缺乏，鱼见到可口的饵料，很少"品尝"，上来就吞，吃食速度快，提竿应迟一些。流水静水又有区别，流水中的鱼由于居无定所，活动量大，需摄取更多的食物，吃食比较凶猛，故钓流水鱼，提竿时机不宜早。静水反之。

21. 鱼上钩后为何不可后退

有不少初学钓鱼的人，在鱼咬钩后，总是提起鱼竿向后退；有些使用海竿的人，一边摇轮收线，一边不断地向后边退步，离水边越来越远。这可能是钓友的一种错误判断，也可能是过于兴奋，过于紧张，怕鱼跑掉的一种不自觉的意识。

其实这是一种错误的动作。以手竿为例，钓到鱼后，人站在水边持竿在180°左右的水面范围内活动就可以了。尤其是钓到大鱼以后，应该在尽可能大的水域内与鱼周旋。这时如果往后退，这个活动范围也就随之缩小，遛鱼范围当然也就小了，鱼碰岸边的机会相对地多了，很容易造成线断鱼跑的后果。

22. 鱼脱钩的原因及处理办法

①鱼线太长，提竿时没有把鱼嘴钩透而脱钩。

发现这种情况，要及时把线收短。一般来说，线的长度最长不超过竿长0.3米；长竿短线定点钓，从浮漂到竿梢这段主线，不宜超过1米，线未绷紧或过长时提竿拉力不够，容易跑鱼。

②钓到鱼时，线未绷紧或用海竿钓提竿时，没有松开绕线轮的控制螺母（锁母），轮卡住收不回线而松线脱钩。

要吸取经验，提高提竿的技术，熟练地掌握在提竿瞬间同时松开控制螺母，就可避免脱钩逃鱼。

③断线脱钩。常遇到的断线脱钩有两种情况：拴钩的子线所用时

间过长被磨损，钓线用久后老化或有伤痕，都经不住强拉力而断线。这要求在钓鱼前仔细检查，及时换线。

④鱼钩不锋利或倒刺残缺没有钩牢而脱钩。这种情况在水库水底有石块的水域垂钓更为突出，常常是海竿用的一组新炸弹钩，半天钓不到，钩尖被石块磨秃，倒刺也拉损，钓者总以为用的是新钩而不仔细检查，直到多次脱钩跑鱼才发现。因此，在水底石块多的水域垂钓，一定要多带几组备钩，及时更换。在没有石块的水域垂钓，也要随身带一块小油石，及时磨钩，保持钓钩的锋利。

⑤钩小、线细遇到大鱼，因提竿太猛、用力太大，或钓到大鱼后遛鱼不当，断钩折线，使鱼脱钩逃走。前者要事先判断鱼情，估计水域有大鱼而换上大钩、粗线；后者注意提竿的技术，都可以预防脱钩逃鱼。

23. 如何遛鱼

遛鱼是在钓到大鱼时钓者充分利用竿、线的弹性，来消耗鱼的体力，这样可以达到不跑鱼的目的。提竿时要使钓线始终带着劲，提竿后要迅速使竿梢呈弓状，这样鱼挣扎的力，可分散在整个钓竿上，靠钓线、鱼竿的柔韧的弹性，把鱼使出的劲化解。手竿的钓线就是那么长的

一段，既不能放，也不能收，只能在竿、线所及的范围内遛鱼。这就要求钓者要有熟练的遛鱼技巧，方法必须得当，才能既不跑鱼又不折竿。

当判定鱼已咬钩时，应及时提竿。首先用腕力使劲抖竿，使钩深刺鱼嘴，将鱼挂牢，然后及时提竿。如果提竿时感到很沉，判断鱼较大且一下提不到水面时，应把鱼竿仰起成70°左右，绷紧钓线，不要硬拉，先不动它，只轻轻提拽钓线。等大鱼动时，再趁机调整竿、线方向，过不了多久，鱼肯定要游动，起初多数是向前方深水逃窜，力量很大，往往折竿断线就发生在这个时候。正确的做法应当是在鱼逃窜时，迅速将竿偏向一侧，牵着鱼慢慢转弯。也可以抢先一步在鱼刚移动时就把竿先伸出去，钓线的速度快于鱼游速度，使鱼跟着线走，人牵着鱼游，然后再一点一点改变方向，来一个椭圆形转身，沿"∞"字形游动，这样就使鱼在不知不觉之中改变了方向左右来回兜圈子。要始终使竿保持弓形，以充分发挥其弱弹性作用，切不可将竿子倒向鱼逃窜的方向，否则就会形成"拔河"的局面，造成断线跑鱼。

当鱼见到强光和人时会翻身向深处逃窜，一般要经过三个回合：第一次逃窜鱼用力还不是最猛烈的，第二次逃窜鱼的用力要比第一次大得多，第三次逃窜是鱼竭尽全身力气进行的，力量是最大的。钓者应充分利用自己竿、线、钩的最大承受力，充分发挥钓竿回弹力将鱼绷住，将竿、线用力绷住的目的是不让鱼发力而轻松起动逃窜，而让大鱼满负荷起动，消耗其体力。如果这三个回合没有挣脱逃离，问题就不大了。

在整个牵遛过程中，鱼可能使出多种"招数"，企图逃走，钓友必须自始至终主动领鱼，不要与鱼形成"拔河"的局面，时刻坚持"鱼动人不动，鱼不动人动"的策略。不论大鱼向外逃窜，向岸边攻或是原地打转，或是跃出水面，或者左右冲刺，钓友都要顺势牵鱼，凭借钓竿的弹力，领着鱼游，走椭圆形或者"∞"字形路线，直到将其遛乏，完全失去抵抗力为止，再拉至岸边抄鱼。这时可用抄网搭钩把鱼取上来。特别要注意的是，自始至终，都不可用手拉线，手没有弹性，只要鱼稍微一跳动，就会断钩、断线。

5千克以上的大鱼因体大身重，靠钓竿的提力是无法让其出水的，在其第一次翻肚后，要防止最后几次垂死挣扎的拼命逃窜，钓者应继续靠钓竿将鱼绷住。待大鱼两次、三次翻肚无力游动时，再用大口径抄网捞上岸。青鱼、草鱼力大，遛鱼的时间可稍长一些。大水库里的鱼比小水面的鱼劲大，夏秋季的鱼比冬春季的鱼劲大，同样大的鱼遛乏的时间长短不同，要做好思想准备。

24. 如何抄鱼

抄鱼，看起来似乎不难，但其中还是有不少学问的。首先是要沉着镇静，不慌神。有些钓友钓到大鱼后，过分紧张，怕鱼跑掉，总想将鱼迅速提上岸来。这种做法结果往往适得其反，当鱼的力量尚未耗尽时，它会在水下拼命顽抗，这时不能再惊扰它，要轻缓地与它周旋。钩牢的鱼只要钩线不断，一般是跑不了的，而强拉硬拽倒可能断钩折线。

抄鱼时一般要注意三点。

第一，鱼不遛乏不能抄。尤其是钓到比较大的鱼，一定要将它遛得无力挣扎，浮在水面不动了再抄。钓友将它拖拽到跟前，将鱼头对准抄网口，顺势将抄网向前一伸，将鱼抄入网中。在遛鱼时，抄网不要先放在水里等鱼，以免惊吓了它，使它乱窜。抄鱼时要争取一次成功，不能提着抄网乱抄乱捅。

第二，游动中的鱼不能抄。上钩的鱼如果在水中还能自由地活动说明它的力量还没耗尽，这时绝不能拿着抄网追着它抄，因为人的反应跟不上鱼的游动，再说抄网在水中有很大的阻力，怎么也追不上鱼。所以必须将鱼遛乏，它不再游动时，才能下网抄。

第三，不能对着鱼尾巴抄。从鱼的后面抄，这在某种程度上说，无异于用抄网赶着鱼跑。所以抄鱼时，必须先从鱼的头部下抄网，因为鱼不能快速倒退，这样就可顺势抄进网中。

用组钩钓上来的鱼，抄鱼时最好是使鱼头从抄网口的中间进入，不要使鱼的头部碰上抄网，因为组钩的钩多，抄鱼时那些在鱼体外面的钩子，有可能挂在抄网上，使鱼不能入网，造成脱钩。使用串钩时，更要当心抄鱼时多余的钩挂住抄网。

最后还应该提到的一点，就是将鱼抄进网子以后，不要马上将抄网提离水面，这时既有抄网的重量，更有鱼的重量，弄不好，抄网头或抄网柄会折断。正确的做法应该是先将抄网就着水面拖过来，使鱼不离水，而后用手握着网口的金属圈，将抄网提上岸。

25. 什么是底钓

由于大多数鱼种生活在水的底层接近泥土的地方，要钓这些鱼自然应用底钓法。

底钓法就是让钩、饵一直沉到水底，钓具的使用必须用铅坠。钩在水底是两种状态，一是钩横卧，钩柄与水底平行；二是钩悬垂。两种方法都行，只不过悬钩用得多一些。手竿底钓可以用单钩，也可用双钩、串钩。

底钓法应该注意的问题是：有时钓饵被水下的障碍物（乱石、树枝、草茎等）挡住，并未沉入水底，而钓者以为沉入了水底，自然不易钓获鱼，因为鱼饵落在乱石、树枝中间，不易被鱼发现。所以垂钓时，应先试、测，其方法是将钩多投几个钓点，进行比较。若浮漂躺在水面，说明钩已沉底了，然后再将浮漂下拉，直至浮漂垂直立于水中，就证明钩正好悬在水底，可以垂钓了。底钓法可用于手竿，也可用于海竿。

用海竿底钓更为简单，不必用浮漂，直接将钓饵抛到远处的水底。鱼是否吃钩的信号传递，主要靠钓者观察岸边鱼线的松紧或者是竿上夹的小铃铛。

海竿底钓也可以用浮球，但是海竿底钓投的钩较远，不易测试水深，用浮球观察鱼咬钩的情况并不准确，这种方法用于近距离的时候较多。

26. 什么是浮钓

浮钓是区别于底钓的另一种方法，这种钓法的钩、饵是在水的中层或上层。这是因为有些鱼种多生活在水的中层或上层，如鲢鱼、鳊鱼、草鱼等。要钓获这些鱼自然应用浮钓。有时，因气象原因，如闷热、气压低，池塘中有雨水，生活在水底的鱼也会上浮到水的中上层呼吸氧气，这时也应用浮钓法。若在江河、溪流中钓鱼，水在流动，不容易定点底钓，也可顺着水流改用浮钓法。这时，饵料在水中呈动态状，易于被鱼发现。

用手竿可以浮钓，用海竿也可以浮钓，甚至拉砣钓、插竿钓、泡沫木板钓都可以用浮钓。浮钓就铅坠在水中位置的不同，又可分为铅坠悬浮浮钓和铅坠沉底钓。

铅坠悬浮浮钓的钩、坠结法同底钓一样，钩可以是单钩，也可以是双钩，鱼线较短，灵敏度高。此钓法应注意先试水深，然后再浮钓，否则会造成铅坠在水底而误认为是浮着的问题。

铅坠沉底钓是使用的铅坠是空心活动坠，就是说铅坠可以在鱼线上下移动，直至铅坠沉入水底为止，因浮漂有浮力，鱼钩饵会浮在水的中上层。此钓法的特点是钩在水中有固定的位置，不会随波逐流。

此钓法可用单钩，也可用双钩、串钩。

海竿多用在沉底钓，也可用作浮钓。浮钓时用塑料质的浮球作浮漂，因抛掷钓饵较远，浮球应大一些，否则看不清其动态变化。

海竿浮钓时，若水面较宽，或水在流动，可以用各种小昆虫形状的模拟饵代替真饵，垂钓效果不亚于真饵，模拟饵还有经久耐用的优点。

27. 台湾钓法的特点

台湾钓法简称为"台钓"，是在吸取、学习他人的先进方法，加上钓鱼爱好者不断实践，琢磨技艺，总结完善的一套钓鱼技法。据有关资料介绍，台钓法的基础是"东亚钓法"。东亚钓法是20世纪70年代在日本盛行的钓鱼法。日本号称"钓鱼王国"，钓鱼活动在日本十分普及，垂钓高手众多。他们在实践中总结出用双钩、主子线、悬坠的钓具配装，这种配装也是钓具的核心部分，由于垂钓效果好，被人们普遍采用。这种钩线配装法不久传到中国台湾，台湾高手又进一步发展完善，从鱼竿长度、鱼饵配制与使用、垂钓的动作都进行了研究、实践，逐渐形成了一套比"东亚钓法"更系统、更规范、更科学、更为广大钓鱼爱好者接受的较为先进的钓鱼法。

台湾钓法的几大特点：

（1）精良的渔具

台钓使用的钓竿的特点：一是短，台钓使用的钓竿通常在3米以上、5米以下，6米以上的长竿少见。二是轻，即短竿，自然分量轻，加之材质好，质地细，显得十分轻便。碳素竿较之玻璃纤维竿更轻。

根据用途不同，厂家还专门生产了钓鲫鱼的鲫鱼竿，钓鲤鱼的鲤鱼竿，在溪流垂钓的溪流竿，在池塘、河流中垂钓的池塘竿。按竿的性质还分硬调竿、中硬调竿、软调竿。硬调竿以钓小型鱼为主，软调竿适宜钓较大的鲤鱼、草鱼。台湾钓法的钓竿类别多，性能针对性强，能在各种场合发挥其优势。

台钓使用的钓线为细线，质地好。子线（拴鱼钩的一段线）较主线更细，多为0.1～0.2号的细尼龙线。子线长约20厘米。

台钓使用的钩为无倒刺钩。其特点是取鱼快，还不伤鱼。台钓法使用是双钩，这是区别传统钓法的最显著的特点。其优越性是：若池里鱼多，抢食，两只钩会同时上鱼，自然比单钩垂钓效果强一倍。另一点是，若一钩的钓饵脱落，散落在水底的钓饵可起到诱鱼的作用，另一只钩就发挥了钓鱼的作用，两只钩的作用会互相照应，互相补充。双钩的作用自然是一举两得。

重点提示

由于台湾钓法有一定的科学性、先进性，在一些特定的钓鱼场所，钓鱼效果比用传统钓法效果好。这里所说的"特定场所"，指的是小水面的人工养鱼的池子、小湖，鱼的数量比较多，鱼种多是鲫鱼、罗非鱼这类的小型鱼。这种场所鱼儿上钩快，必须要快速抛线、扬竿、抄鱼、取鱼。有些高手平均不到2分钟就能完成一整套钓鱼动作，1小时能钓起几十条鱼。

台钓使用的浮漂多为较长的（20厘米以上）两头尖、中间粗的浮漂。浮漂的上端有用几种不同颜色区分成的小格，每一小格叫一目。这些目的作用十分重要。

台钓使用的辅助渔具还有不可或缺的太空豆、漂座、铅坠等。

（2）较为规范的垂钓程序

为了达到动作快捷，不浪费时间，以尽量提高钓鱼效果的目的，台钓法很讲究垂钓动作的规范性。

各种渔具的摆放都有要求，通常是右手持竿，敞口鱼护放在座位的左前方，抄网放在左手处的地上，随时准备使用。

台钓法从挂饵、抛线、竿梢入水、扬竿、抄鱼到取鱼等一系列动作都有自然形成的规范性动作要领，否则就会延误时间，影响垂钓效率，若是参加比赛，自然落伍，取不上名次。

（3）饵料不分诱饵与钓饵

传统的钓法，诱饵与钓饵使用的是两种不同的饵料。诱饵的作用是利用其香味、粉状料及其颜色将鱼引诱到垂钓处。钓饵是供鱼吞食的饵料。传统钓法的饵料有动物性饵料和植物性饵料两类。如蚯蚓，是传统钓法中广为使用的"广谱性"食饵。而在台钓法中基本不使用动物性饵料，也无诱饵与钓饵之分。台钓是专门用粉状饵料加入适量水调和成的一种团料状饵。挂饵的钩入水后，饵料慢慢溶化，起到诱鱼作用，鱼儿进而吞饵上钩。若在几分钟内饵料全部溶化脱钩，便在浮漂上有所反映，垂钓者及时扬竿，重新挂饵。

揉饵、挂饵也有标准。右手撑竿待鱼上钩时，左手就在揉搓饵料。这也是为了节省时间。饵料要软硬适度，大小适度。硬了，饵料在水中溶化时间慢；软了，饵料入水即化，钩上无饵；饵粒大了，浮漂在水中露不出二目。因此，揉饵、挂饵只有通过反复练习、实践，才能"恰到好处"，符合垂钓要求。

第二节 几种常见鱼类的钓法

1. 鲫鱼

一年四季，均可钓鲫鱼。即使在水面结冰以后，若将冰打个洞，将钓饵、钓钩投进去也会钓到鱼。"千山鸟飞绝，万径人踪灭。孤舟蓑笠翁，独钓寒江雪。"正是在冰雪覆盖的江面上垂钓的写照。但是，钓鲫鱼的最好季节还是春季和秋季，而夏季只有在早晨 9 时前和下午 4 时后钓鱼才会有收获，夏天的黄昏是钓鲫鱼的最佳时间。

由于鲫鱼多生活在近岸边的浅水区，离岸 10 米以内是钓鲫鱼的最佳距离。若有水草，在离水草边 1 米以内的距离是最好的钓位。若岸边有打谷场、菜园、大树、灌木丛，这些地方的近处钓鲫鱼效果好。若是养鱼场，管理人员在岸边经常投放饲料的地方也是好的选择，因为鱼儿习惯在这里迎接主人的"恩赐"。有细流缓缓流进或流出的地方垂钓效果也不错。若是有风，下风口是好地方。

若是在湖、水库钓鲫鱼，也应选在水库的上游、湖的浅水区、有洄水湾处、水面相对较小的地方，若有水草更好。

鲫鱼在游弋中寻找食物。若是它用身子触及钓饵或尾巴摆动时水流触动钓饵时，浮漂的反应不大，只是左右颤动或上下轻微浮动。只有当鲫鱼吞食饵料时，浮漂的反应才有力度、有节奏感，无论是上浮送漂或浮漂下沉 1～2 目，其速度都是急促、有力度，而不是匀速运动。浮漂的反应是上下浮动，范围由小到大，力度由轻至重。这是因为鱼儿胆小，先是试探性地触及钓饵，若感到钓饵适合自己的口味，才放心大胆地去吞食钓饵。一旦钓钩扎住口唇后，一是向上扬头，以减轻钩扎嘴时产生的疼痛，一是拼命挣扎乱窜。此时浮漂的反应是向上送漂（3～4目），或者是被鱼拉着沉没水中。鱼小，吞食钓饵的过程长，来回好多次才上钩；若鱼大，则劲大，三两下就上钩了，浮漂的反应是立即上浮或下沉，垂钓者要不失时机地立即提竿。

　　我国的鲫鱼大多是普通鲫和银鲫两个品种。普通鲫分布地域较广，黄河、淮河、长江、珠江流域都有。银鲫多生活在黑龙江水系流经的地区。20世纪80年代，我国的南方地区从中国台湾引进一个新鲫鱼品种，外形似银鲫，名叫河内鲫。而来自中国台湾的河内鲫又是从日本引进的。河内鲫目前在我国黄河以南的许多地方都有养殖。这种鲫鱼与我国原有的普通鲫在体形上、食性上、生活的水层上均有所不同。普通鲫体形较长，颜色较河内鲫白；河内鲫脊背较高，身子较宽，头部也没有普通鲫长。

　　河内鲫大多生活在水的中层，喜成群觅食和成群成片地栖息，生长速度较普通鲫得多，一年可长到250克，在人工喂养的池塘，生长速度更快。繁殖力也较普通鲫强，每年3—5月

产卵，产卵后就在鱼卵的附近觅食。冬季在水的底层越冬。食物特征与鲢鱼相似，因多在水的中层生活，喜食水的中、上层的浮游生物和藻类植物。夏季气温高时，它也会游到水底"避暑"，若天气晴朗，

水中溶氧量大的时候，也会到水的上层游弋觅食。

河内鲫与普通鲫的明显差异就在饵料的适应性上。普通鲫是杂食性鱼，无论是荤饵还是素饵，都"来者不拒"，有啥吃啥。而河内鲫却是以素饵为主要食物，不吃荤饵。钓河内鲫用的是自制的饵料。饵料原料以土豆粉（马铃薯粉）和炒黄的麦面粉为主。市场上出售的供人们使用的淀粉多半就是土豆粉，所以，饵料来源丰富，取之方便。调配饵料时适当加入香料。如山奈粉（中药材）、丁香粉或香精，也可加虾粉、蚕蛹粉。钓饵团要松散一些，便于在水的中上层就融化。

钓普通鲫的荤饵有红蚯蚓、小虾、蚕蛹、红虫、火腿肠等。钓鲫鱼的素饵原材料取之方便，制作容易，不费工夫，方法如下。

①马铃薯粉为主，加蛋黄、鱼粉或虾粉搅拌，然后添加米酒酿、蜂蜜制成。

②麦麸片、炒黄的面粉、山奈粉，加水搅拌。

③玉米面粉、饼粉、鱼粉拌和后蒸熟，用时加曲酒或蜂蜜或白糖。

④炒熟的黄豆粉，加少量的豌豆粉拌和，用时可加香精。

⑤用酒泡小米一周以上，然后加面粉（炒出香味）、马铃薯粉拌和。

⑥鸡蛋1个，白糖（或蜂蜜）适量，加糯米面粉拌和，用时可添加酒。

重点提示

河内鲫多生活在水的中上层，普通鲫多生活在水的底层。有河内鲫的池塘，也可能有普通鲫，垂钓者可以先把钩、坠下到水的底层，作一试探。若在底层有鱼上钩，不管是河内鲫还是普通鲫，都行。若水的底层无鱼上钩，那就说明河内鲫是生活在水的中上层了，然后再调整线、坠，减轻坠的重量，从铅坠上去掉一些铅皮就行了。垂钓者要灵活机动，适时调整垂钓方法。

⑦豆粉蒸熟，加饼粉、曲酒调和。

⑧玉米面、炒黄豆粉、麸皮（细的）拌和后蒸熟，生用亦可。

⑨面粉、熟鸡蛋黄、水果香型的牙膏（适量）拌和。

⑩红薯粉（或土豆粉）、虾皮碎末、适量豆粉，蒸熟，生用亦可。

⑪芝麻酱、面粉拌和。在钓饵上再蘸芝麻酱亦可。

2. 鲤鱼

鲤鱼古称赤鲤，现多称拐子鲤、鲤毛子，在我国分布很广，有十多个品种。从东北的黑龙江，到西南的澜沧江都有鲤鱼。同鲫鱼一样，几乎有水生生物的所有水域都有鲤鱼，有些地方水质较差，但鲤鱼也能生存。

鲤鱼，多栖息在水底的水草丛中或松软的泥土中，这种鱼还有喜欢拱泥寻食的特点，对肥沃的水底层和有乱石、腐烂的植物茎叶的地方特别喜欢。家畜、家禽经常下水的地方，会有排泄的粪便，鲤鱼常

来觅食、栖息。水库、湖泊中的缓坡和较深的水湾、涵洞、闸门附近也都是鲤鱼生存的地方。鲤鱼还有避强光、喜阴暗、隐蔽性强的特点。鲤鱼喜欢逆水而上和跃波的习惯，民间曾流传"鲤鱼跳龙门"的故事。

鲤鱼繁殖力强，一条鲤鱼的年产卵量可多达 10 万粒。鲤鱼生长速度快于鲫鱼，雌性鲤鱼两年就达到性成熟。

鲤鱼属杂食性鱼类，荤素皆食。幼小的鲤鱼以水中的微生物、藻类、植物食物为主。长大以后吃水蚯蚓、蚊的幼虫、小虾、螺肉等。对甜味特别喜好。春、夏季食欲旺盛，秋季多食动物性质的食物。人工饲养鲤鱼，多以榨过油的饼类（花生饼、芝麻饼、菜籽饼、豆饼）为主要饲料。

鲤鱼的食性杂，用作钓鲤鱼的钓饵很多。

荤饵：红蚯蚓、田螺肉、小虾、红虫、火腿肠等。

素饵：以面团为主。面团可用饼粉、玉米粉、豆粉、面粉为主料，以番茄、香蕉、鱼粉、虾粉、韭菜等作辅料，以酒、香油、中药粉（或浸泡的汁液）为添加剂，制作成各种钓饵。

这里介绍几种钓鲤鱼的钓饵：

①将红薯、土豆蒸熟捣成泥，加入虾粉或鱼粉，揉成团即可。

②鲤鱼特别喜欢食小麦粒。用红糖、麦粒，加适量水浸泡，作诱饵。因台湾钓法不用诱饵打窝，可把麦粒弄碎，成细颗粒，加入面粉揉成团即可。

③用臭豆腐乳拌入面粉揉团。

④用果酱、奶粉、面粉混合揉团。

⑤黄豆粉、羊油、蜂蜜（或白糖）拌和成团。

⑥阿魏加水化成浓液，加入面粉中，揉成团。此饵夏天用在肥水塘中效果尤佳。

⑦细玉米粉加白糖拌和后蒸熟，用时添加香料（曲酒或香精）。

⑧豆饼粉、玉米面炒出香味加鱼粉和少量马铃薯粉，拌和水揉搓成团。也可加白糖。

⑨玉米面粉、豆粉、麦麸炒熟，加山奈粉、曲酒、红糖调拌成团。

⑩黄豆粉、玉米面、白面，加芝麻酱或蜂蜜调拌成团。

⑪饼粉、麦麸炒出香味加丁香粉、山柰粉，用水调拌成团。

⑫红蚯蚓切成碎块，用阿魏水、面粉拌和成团。

鲤鱼个体较鲫鱼大得多，重量通常多在 500 克以上，加之鲤鱼的窜劲大，无论是竿、线、钩都应有针对性地选用。竿可以用硬竿，长度在 4.5 米以上。线应选用拉力强的鱼线，主线的直径不小于 0.4 毫米，子线不小于 0.3 毫米。鱼钩可选用 7 号以上的钩。钩的弯部应宽一些，用有倒刺的钩最好，以防脱钩。浮漂相应地与钩、线型号匹配，选用稍大的浮漂。

根据鲤鱼的生活习性，栖息的主要习惯，首先选择钓位。

①水中较肥沃的地方。鲤鱼喜欢在较肥沃的水域的底层生活，这些地方是首选的钓位。如牛、鸭、鹅经常下水的地方；岸边有厕所、粪坑的地方；长塘、弯塘的拐角处，风常把浮游生物吹到这些地方。

②有流水的地方。如进水口、出水口都行，特别是进水口。

③喂鱼人经常投放饲料的地方。因习惯的影响，鲤鱼常常会到这里等待主人投放饲料。

④有水草、乱石堆的地方。鲤鱼喜欢钻草丛。

⑤无阳光照射，有树荫的较阴暗的水域。

⑥鱼星未出现的地方。鱼星就是因鱼在水底的游动而引起水面出现的小泡。鱼星的大小、形态因鱼种的不同而不同，鲫鱼的鱼星较小，鱼星上升缓慢，成片但不成条状。而鲤鱼引起的鱼星较鲫鱼的鱼星大，上升速度快，像翻滚的水一样成片。鲤鱼是边拱泥边游动，所以鱼星成条状、前进状，其鱼星十分明显。当鲤鱼的鱼星出现以后，实际上鲤鱼已经游到前边去了，下钩时不应在有鱼星的地方，而应在鱼星尚未出现的前方。

鲤鱼咬钩后，反映在浮漂上是先上下沉浮几下，然后突然沉没水中，鱼线被鲤鱼拖走。比较大的鲤鱼咬钩后往往伏在水底不动，这时提竿的感觉是钩被树根、草茎挂住似的，这正是大鱼卧着不动的表现。钓友要沉住气，把竿子斜着拉紧，然后慢慢顺着鲤鱼的劲遛鱼。由于鲤鱼力大，狡猾，易脱钩，一定要沉着镇静，慢慢把鱼遛到水边，尽量用抄网抄鱼。

3. 草鱼

草鱼又称草鲩、草鲲、草混子，是我国的主要鱼类之一。生长范围广，草鱼鱼苗的繁殖地分布也广，从黑龙江到珠江，都可以繁殖草鱼苗，生长草鱼。

草鱼多生活在水的中下层，水草丰盛的地方是草鱼的最佳栖息场所。它行动迅速，不太温顺，窜劲大，食量大，发育快。形体大小不一，刚放养的鱼苗小到数克，成年鱼重达数十千克，生长期在4—9月，5月繁殖力强。夏天常在水的中上层吃水中的青草、浮萍、菱角叶以及草丛中的小昆虫、蚂蚱。进

食时水中会发出哑哑的响声。雨天非常活跃，食欲也特别旺盛。每到一个塘口，若见水中的嫩草有被咬断、草叶漂浮水中的现象，就表明水中有草鱼。若见水呈绿颜色，呼吸时感到有鱼腥味，也说明水中有

草鱼。因草鱼吃青草后，排泄的粪便是绿色，粪便多了，水色自然也是绿色，由此也可以判断该塘多草鱼。

草鱼对高温也有耐力、适应力。在夏天的中午，草鱼照样游动、觅食。在夏天的中午，用花瓣、嫩叶、蚂蚱就可以钓到草鱼，但需在水的上层用浮钓法垂钓。

草鱼，离不开草；钓草鱼，也离不开草。钓草鱼，应选择水中有草的地方。有些塘，仅靠岸边有些水草，有人认为离岸太近，不会有草鱼。其实，在近岸的水草处垂钓比在无水草的地方垂钓效果好。夏天和初秋，草鱼喜欢在有风有浪的地方游弋觅食。池塘的进水口和出水口的地方，因有活水，氧气充足，也是草鱼喜欢的地方。下风口，浮游生物多，食料丰富，更是草鱼觅食的好场所。有菜园、灌木丛、打谷场的水边，垂钓效果也好。若天气由晴转阴，气压低闷热时，草鱼也会浮到水的上层，尽管胃口不好，若用草、嫩叶、花朵仍然可以钓到草鱼。夏天，湖区、库区涨水后常常会淹没附近的菜园、庄稼，被淹没的浅水区因食物丰富，这里也是钓草鱼的好地方。

市场上有专门的钓草鱼的钓饵出售。除此之外，自己完全可以配制钓饵。草鱼以素食为主，荤素皆食。蚯蚓、小昆虫等也是草鱼的食物来源。

素饵的配制：

①用麸皮、饼粉作原料，加啤酒或曲酒、甜米酒泡制，再适当发酵。夏天隔天可用，春秋天 2～3 天可用。

②饼粉、米糠、碎麦粒混合后，加香料和水揉成团。

③红薯蒸熟捣碎，拌入面粉或豆腐粉揉成团。

④臭豆腐乳加面粉，揉搓成团。

⑤韭菜叶揉碎取其汁拌入面粉中，适当加些麸皮和水揉成团。

⑥菜叶揉碎取其汁拌入面粉中揉成团。

⑦番茄捣碎，加入面粉揉拌成团。

⑧用养鱼场喂鱼饲料捣碎，加些面粉、玉米粉和水揉成团。

⑨用酒泡嫩玉米粒。

⑩草莓酱、带酸甜的果酱拌入面粉揉成团。

荤饵除了用红蚯蚓外，各种小昆虫均可用来钓草鱼，如蚂蚱、蟋蟀、青虫、飞蛾、蜻蜓、油葫芦、面包虫、红虫、螳螂、蝼蛄、苍蝇、小虾、蛴螬等。

在钓场也可以摘取植物的叶、花、果实用作钓草鱼的钓饵，如黄瓜花、南瓜花、嫩玉米粒、嫩稻穗、麦穗、芹菜、桑葚、苇芯、荷花瓣、瓜瓤、槐花、茭白芽等。

由于草鱼既生活在水的下层，有时也生活在水的中层或上层，所以垂钓者必须"因鱼情施钓"。草鱼到底在水的哪一层，主要因为气温、季节、时间的不同而有所不同。

在初春和秋季，气温不高（10℃以下）时，草鱼多在水的底层生活，这时就应该用底钓的办法。钩、坠必须接近水底。

夏季、初秋，气温较高，草鱼多在水的中层生活，这时就应用浮钓法，首先减轻铅坠的重量，使钩、坠不入水底，浮漂仍是调四目钓二目，或是调五目钓三目。

若是有风有雨的天气，夏天的上午9时前、下午4时后，草鱼因水中的氧气不充足而在水的上层呼吸新鲜空气，吸吮水面的浮游物，这时就在水的上层钓。钓饵在水面以下30厘米最好。

若是用花朵、蔬菜嫩叶、嫩草作钓饵，自然也是应当在水的上层钓。

若是人工喂养草鱼的渔场，因鱼的密度较大，容易钓获。但也有个选择钓位的问题，这就是主人经常投放饲料的地方。另外，尽量使用喂鱼的饲料，再添加自备的饵料。若用水调拌，应当用当地养鱼池中的水。若水中有水草，应选择靠近水草的地方钓。

草鱼由于体大、性格活泼，咬钩不像鲫鱼那样"谨小慎微"，而是咬钩实实在在，浮漂的沉浮幅度大，三两下，浮漂就会拉入水中，送漂的现象较小。

草鱼的个头较大，重量通常在 500 克以上，所使用的钓具应和上面介绍的钓鲤鱼的钓具相似。因草鱼较鲤鱼凶猛，窜劲大，鱼线应长一些，便于遛鱼。若有绕线轮，应事先多放出一些线。钓钩应用 7 号以上的钩。若是个头较大的草鱼（1500 克以上），应做好遛鱼的准备，顺着鱼的窜劲放线，竿子始终保持弯弓状，线必须是绷着的，竿与水面有 60° 以上的角度。草鱼窜劲虽大，但耐久力不大，挣扎不了多久就会精疲力竭，拉到水边时可能翻肚，正是用抄网抄鱼的恰当时机。

4. 鲈鱼

鲈鱼也叫"鲈子""花鲈""鲈板儿"。鲈鱼肉味鲜美，很受人们喜爱。

鲈鱼是海水、淡水两栖鱼。早春时，常游到近海沿岸河流入海口的淡水海水交汇处觅食和产卵。小鲈鱼沿入海河流溯流而上游到淡水水域生长，到年底小鲈鱼可长到 10 厘米左右，这时又会沿河游回到近海的海水水域中生活。

鲈鱼属肉食性鱼类，食欲旺盛，以吞食活体动物为主，如黄鲫、小黄鱼等，还食虾类，如虾蛄、对虾、鹰爪虾、褐虾、毛虾，也食乌贼、沙蚕、银鱼。由于鲈鱼嘴巴宽大、食性凶猛，有些养殖场为了清除小杂鱼和小虾，就会将鲈鱼投入鱼塘，让鲈鱼吃掉这些小杂鱼和虾类。鲈鱼属中上层鱼，既不游到水面，也不沉入水底，所以钓鲈鱼应用悬钓法。

鲈鱼窜劲大、游速快，因此钓具必须有一定的耐拉力。钓鲈鱼既可用手竿，也可用海竿。用手竿钓鲈鱼，应用 5 米以上的硬竿，钓线用 0.3 ~ 0.4 毫米的尼龙线，钓线宜长，可用齐竿线，钓钩应选用 7 号以上的粗条钩，钩应有倒刺。用海竿钓也应选用 3 米以上的硬竿，钓线应选用 0.4 毫米的尼龙线，铅坠要小。

因为鲈鱼有洄游的特点，洄游又有季节性，所以垂钓者应把握时机，在每年的 5 月至立秋这段时间是钓鲈鱼的最佳时间。钓点应选在河湾有流水、水下有石块、木桩或者堆积有石块的水域。气温高时应钓深水或桥墩周围。夜钓钓点应选近岸的浅水区。

钓鲈鱼的鱼饵应以鱼、虾类小动物为主，最好用鲜活的，而不用死的。小泥鳅、沙蚕、蚯蚓、海蛆都是好钓饵。钓鲈鱼还可用假饵、模拟饵。如小塞式锥形饵，此饵在水中运动时可跳动发出声音，可吸引鲈鱼上钩。

手竿钓鲈鱼宜用悬钓法，用浮漂（立柱形或球形）。海竿钓可用甩钩法，即把钓饵甩入水中，慢慢摇轮收线，若钩上无鱼，则可收钩后再次甩入水中，这样往返甩钩，在钩子沉入水底之前即缓缓摇轮收线。投钩可用真饵也可用假饵。即使在流水较急的水域也可用海竿施钓，还可用拉砣钓，其钓法如用海竿一样，只是收线不如用海竿便捷。

5. 鳜鱼

鳜鱼也叫花鲫鱼、桂鱼。因其多为野生，且肉质细嫩味道佳，故而颇受人们的喜爱。

鳜鱼嘴巴宽，鳞细密且小，牙齿尖利，性格凶猛，鱼体表面有片状的黄褐相间的花斑块，背部有硬刺状的鳍。鳜鱼属肉食性鱼类，摄食以吞食活体动物为主，主要食物来源是水中的小动物。如泥鳅、鲌鲦鱼、小鲫鱼、小虾，特别喜欢泥鳅。鳜鱼一般栖息于水质清新、静水或缓流水域中，喜清洁、透明度较好、有微流水的水域生活。常在水中的岩石边、石洞中及有石块凹凸不平的地方及树枝的间隙中栖息。鳜鱼的捕食方法独特，它不是游走觅食，而是"蹲点捕食"，它身上的斑点与乱树枝、乱石块、树根须的颜色相似，极有隐蔽性，不容易被发现。当有小鱼或其他小动物从它身前游过时，它便会凶猛地窜过去，张口吞食。

钓鳜鱼通常不用诱饵。在肉类食物中，鳜鱼喜食少数几样饵料。因此，这里只介绍怎样诱鱼。

（1）给鳜鱼造窝

由于鳜鱼有在石洞中或杂乱的堆积物中栖息的习性，所以将乱石块、木棒等堆积在鳜鱼经常生活的水中，就可能有鳜鱼钻入其中栖息，然后在旁边投钩下饵，即可捕获鳜鱼。

（2）食物链诱鳜鱼

因为鳜鱼喜食小鱼小虾，我们就可以想办法让小鱼小虾到某片水域聚集。其方法是将家禽家畜的碎骨头及剩饭剩菜、鱼骨头、肉杂碎等投入水中。一次不行，应连续几天抛投，这样，诱来的小鱼小虾多了，就会有鳜鱼来。这时垂钓效果会很不错。

（3）鳜鱼的食饵

鳜鱼最喜欢吃的是活泥鳅，其次是小鱼小虾。最好选用长度在5~7厘米的细条活泥鳅，将钩挂在其脊背上，这样，泥鳅在水中仍可以游动，增强了诱鱼的效果。小泥鳅也有钻洞的习惯，因为身体被钩扎

着，很疼，入水后的小泥鳅就会窜到石洞中躲藏，正好送到鳜鱼的口中。也有人为了增强诱鱼的效果，将泥鳅的腹部剖开，让泥鳅流血。

（4）钓具和钓点的选择

钓鳜鱼可用3.5米左右长的海竿，宜用中硬竿或硬竿。钓钩选用钩门宽为8号以上的大钩。钓线用直径为0.4毫米左右的线，线应稍长。子线必须结实，因为鳜鱼有较强的窜游力量。

如果是在流动的水域钓，为了增加钩线在水中的稳定性，铅坠宜重；如果是在静水中钓，为了提高钩线的灵敏度，铅坠可稍轻一些。

因鳜鱼喜欢生活在多砂石少淤泥的干净水底，钓鳜鱼时应根据水边的土质判断出水底情况。鳜鱼喜欢坑洼不平的水底，所以也可先用空钩在水中多处投钩，探测水底是平坦还是坑洼不平。还可选择岸边是崖石或有大树的水域投钓饵，因为岸边是崖石，水下可能有暗洞；岸边有树，水下就可能有树洞或树根。如果是在湖泊、水库中钓鳜鱼，应在水深处选择钓点。

鳜鱼不像鲫鱼那么小心谨慎地吞食饵料，而是凶猛地一下子就将

钓饵咬住，如果是其喜爱的食物，会立即吞食，干脆利落，此时的竿梢会晃动，鱼铃也立即响起，往往这时需要再耐心等待几秒钟，待鱼钩挂住鱼嘴时再动竿提线。

6. 青鱼

根据青鱼的食物特点，钓青鱼的饵料首选的自然是螺蛳肉、蚌肉、蚬肉。将这些肉穿钩，穿钩时应注意微露钩尖。因为青鱼对硬壳类东西"不在乎"，加之鱼大嘴大，吃饵料时不像鲫

鱼那样小心。另外，因蚌肉、蚬肉入青鱼嘴后，青鱼要咀嚼，钩尖外露，容易挂住鱼嘴。若无现成的蚌肉、螺蛳肉，也可以自配钓饵。现介绍几种钓青鱼的钓饵：

①将红薯蒸熟捣碎，取红薯40%，面粉60%揉搓成团，也可加入曲酒。

②麦麸皮、玉米粉、虾粉（或鱼粉）加水揉拌成团。

③豆腐粉、糠粉（或饼粉）、面粉加少量水拌匀，蒸熟，晾凉，加酒曲拌匀，密封。夏天1~2天可用。春、秋3~5天可用。用时可略加香精。

④玉米面、红薯泥、少量小米加水揉拌成团。

⑤用饲养青鱼的颗粒饲料再加入自备的豆粉或面粉揉搓成团。

⑥在螺蛳肉或蚌肉穿上钩后再蘸豆粉糊、红薯泥糊，钓鱼效果非常好。豆粉糊入水后即溶于水中，起到诱鱼作用。糊中还可加曲酒或香精，以增加气味。

⑦将螺蛳肉、蚌肉剁碎，用面粉、玉米粉、虾粉搅拌，揉搓成团。

⑧将红薯蒸到七分熟，切成小块，穿钩。也可在红薯块外面蘸面糊、酒或香精。

钓青鱼的钓竿可用6米以上的硬竿。钓线可以用直径0.6毫米的线。子线也应在直径0.4毫米以上，不短于30厘米。最好使用绕线轮，竿梢上的主线应留长一些，用来遛鱼。钩用8号以上的钩。钩的弯部应宽一些，可用有倒刺的钩。还可以将双钩（或另外增加一个钩）三钩合在一起，外边用饵料包住，类似炸弹钩，因钩多，钩在青鱼嘴中扎住多个部位，会钩得更牢。

若是事先有目的地准备钓大青鱼，还应准备扎钩。因为抄网抄大鱼不如用扎钩稳妥。抄网的柄较细，易折。抄大鱼时，特别是在岸边与水面有一定的陡坎时，不如用长柄扎钩。

青鱼的个头通常比草鱼大，力量也大。咬钩时干净利索，几下就能将浮漂拉入水中。提竿时若提不动，有钩被水底障碍物挂住的感觉，千万不能慌，也不能死拉硬拽，应镇静，稍等片刻，如果感觉鱼线在动，就表明是鱼上钩了。此时钓友既要紧握钓竿，将线绷紧，又应顺应鱼的挣扎窜游方向适当放线，但主动权必须由钓友掌握，绝不能放任其肆意游动，而应有收有放，人在岸边还要随着鱼的游向而走动。若是10千克以上的大鱼，遛鱼可能要遛到十分钟以上，直到感觉到鱼的挣扎力变小，人的控制力增大，再慢慢将鱼向岸边拉。此时岸边要保持安静，切忌大声喊叫，以防止鱼因害怕反而向水中挣扎，如果鱼到水边时已经肚朝上，这表明鱼儿已经被遛到没有力气了。

7. 罗非鱼

罗非鱼是个种类较多，有 100 种以上，人工养殖的有 10 余种。由于它的适应性强，肉质细嫩，经济价值高，联合国粮农组织曾向世界推荐将其做为优质养殖鱼。

我国自 20 世纪 50 年代开始引进罗非鱼，现在养殖的有莫桑比克罗非鱼、尼罗河罗非鱼和福寿鱼等。由于其外形与我国鲫鱼相似，也有俗称为非洲鲫鱼。

罗非鱼喜高温，不耐低温，上限水温为 40℃，下限水温为 25℃。这也是钓罗非鱼的最佳水温。

罗非鱼食性较杂，粮食类饵料、藻类、昆虫、蚯蚓等均可作为钓饵。

罗非鱼喜群集，只要打好窝，鱼儿会进窝摄食，形成大的集群，如能及时补窝，就会久聚不散，对垂钓极为有利。但要注意大小鱼同时进窝，小鱼闹窝钓不到大鱼。这须钓友根据现场的实况权衡来决定打窝与否。

罗非鱼胆大，不易受惊，只要有食物吸引，即使一时惊散，仍能立即返回窝点。罗非鱼一般栖息在水的底层，由于品种不同，它们的活动规律也略有区别，如莫桑比克罗非鱼，上午在水的中上层活动，下午逐渐游向下层，夜晚则栖于水底。

罗非鱼另一特点是大小同池。雌鱼每隔25～35天即可繁殖一次，幼鱼3～6个月即有繁殖能力，所以池塘内往往是小鱼多于大鱼且成群，垂钓时经常会遇到小罗非鱼闹窝捣乱。

钓罗非鱼时可参照它的上述特点采取相应对策。其实罗非鱼并不难钓，无论用什么钓饵它都咬钩，浮钓底钓都可以，难的是如何才能做到钓大不钓小，如何解决小罗非鱼闹窝捣乱。在小罗非鱼多的池塘垂钓，不用蚯蚓等容易招小鱼的活物当钓饵，用化开的颗粒饲料加鱼粉或虾粉，也可用普通面食加鱼粉。但不论用哪种钓饵，饵团都需要略硬一些、大一些，防止小鱼抢食。大而硬的饵团，小罗非鱼虽照样啃食，但不易咬散，钓友从浮漂的反应上可辨别出鱼的大小。小鱼咬钩，漂的反应是轻浮、快速，出现不规则的颤抖、跳动；大鱼咬钩，深沉稳慢而且有力量感。掌握这些规律，就可避开小鱼钓大鱼。

重点提示

在光线不足而阴暗的水下世界里，水中的物体往往同背景混为一体，难以辨认。然而由于鱼类有敏锐的视觉能力，鱼的眼睛不但能看到水中的物体，而且也能看到水上的物体。周围出现的一些细小动作，都可能引起它们的注意。因为物体的运动对鱼会产生信息反应，所以不管是海水垂钓还是淡水垂钓，鱼对活动的饵料都特别感兴趣。

8. 鲢鱼、鳙鱼

鲢鱼与鳙鱼，均属鱼纲，鲤科。它们的生活习性有许多相同之处，如均栖息在水的中上层，生长快，肉质肥嫩，个体可长达1米多，最大重量能长到40千克。它们在我国自南至北均可放养，是我国主要的淡水养殖鱼类。

鲢、鳙鱼性喜高水温，最适宜的水温为22～32℃。它们对水的酸碱度也有严格要求，pH7～8.5，即中性至微碱性水质是最理想的适应范围，低于5.5或高于10，

即水质过酸和过碱都不能作为养鱼的用水。

鲢鱼与鳙鱼在习性方面虽有许多相同之处，但在摄食方面有明显区别，所以垂钓时可按其不同的食性，分别钓取。

鲢鱼，古称鰱，亦有白鲢、水鲢、跳鲢、扁子及地瓜鱼等称呼。它以海绵状的鳃耙滤食浮游植物，喜酸、香、甜味。鲢鱼性格活泼，善于跳跃，遇惊则经常跃出水面。

鳙鱼又称花鲢、麻鲢、黄鲢、黑鲢、胖头鱼、大头鱼及包公鱼。它头大身小，背部呈暗黑色，有不规则的小黑斑。它性格温和，个体大于鲢鱼。以细密的鳃耙滤食浮游生物，喜酸、臭、香、甜味。

钓鲢、鳙的成功与否，钓饵起着决定性的作用。许多人都知道用

酸臭饵可以钓到鲢、鳙鱼，但不少垂钓者用了酸臭饵仍然钓不到鲢、鳙鱼，而且还找不到失败的原因。其实他们进入到一个钓鲢的误区——认为钓鲢、鳙的饵料愈酸愈好，愈臭愈妙，于是他们就千方百计地寻找那些浓酸奇臭之物做钓饵，结果导致失败。

钓鲢、鳙鱼对酸臭的要求是，钓鲢鱼要用酸饵，钓鳙鱼（花鲢、胖头）要用酸臭饵，但都应该是微酸微臭，不能过量。有的钓友用酸臭味浓厚的饵料偶然钓上鲢鱼，但它毕竟不是钓鲢的佳饵。

钓鲢、鳙鱼的酸饵分为长期用饵和临时用饵两种。准备长期使用的酸饵，最好在每年10月底制作。先找一个能容料约10千克的小口坛，洗净，并用酒精或高度白酒消毒备用。

酸饵的配料：玉米面3.5千克，碎豆饼1.5千克。

酸饵的制法：将玉米面、豆饼混合，用水调湿，上笼屉蒸（一定要蒸透），熟后找清洁器皿摊开晾

凉。然后将料装于坛内，稍微压实，喷些白酒，并将坛口捆扎紧，不使空气进入，置于室外。10日左右开封检查一次，如发现有霉菌，应将菌团挑出来。一般只要上面不长霉菌，下层亦不会长，不论是否长霉菌，打开后都应再喷些白酒，以利长期保存。由于制饵时间是在冬季，细菌繁殖慢，饵料在长期的缓慢熟化过程中，可深度发酵，使酸味更浓厚。只要饵料已经变酸，就不会再发霉，因为在这样浓酸的饵料中，一般细菌是不易存活的。到第二年五六月钓鲢时节再开启，这时酸饵

已做成，开盖后会散发出浓郁的酸香味。这种酸香绝非食醋、醋精等单一酸香可比。经这样发酵的酸饵，酸中透甜，并带有一股酱香味，钓友戏称为"酱香型酸饵"，鲢、鳙鱼非常爱吃。

使用做好的酸饵时，用多少取多少。从坛中取料时，手和容器要干净。每次垂钓后的剩料，也不要再放回坛内，以免污染。可以另找一容器，存放剩料，剩料还可拌以廉价的糠麸粗料，使之发酵变酸，在尔后垂钓时，作诱饵打窝用。

制成的酸饵，由于酸味太重，不能直接上钩当钓饵。所以每次垂钓前，还应按上述配料的比例，再蒸出一些未经发酵的钓饵。所做数量的多少按当天垂钓所需而定，但宁多勿少。

臭饵的制作方法，原料：臭豆腐7～10块，臭鸡蛋2～3个，面肥（即蒸馒头的老面）100克，大豆蛋白（豆制品）100克。将此四种原料捣碎搅和，置于一种瓶盖封闭严密的广口瓶内，置于室外阴凉处，经一个月的自然发酵，即可使用。

这样配制的臭饵，即使长期存放，亦不会变质，可供长期使用，用完后可以续放原料。一般也是在每年10月备料制作，到第二年钓季使用。

鲢鱼、鳙鱼的钓法，装饵绝招，酸臭饵填馅装钩法。好的酸臭饵料，应只具有最为鲢、鳙鱼所喜爱的微酸微臭。根据这一特点，笔者设计出一种以具有浓烈酸臭味的饵料为馅，外包微酸饵料的钓饵，即填馅式的装钩方法，取得了钓鲢、鳙鱼最满意的效果。具体的操作方法是：先在头天晚上蒸出玉米面及豆饼熟料，在第二天垂钓时，掺入部分酸料，以微酸为度，再加上一些白糖，使之成为钓鲢、鳙鱼的基本钓饵。将这种硬饵捏成比乒乓球略大的饵团，再用食指在饵团底部戳一个洞，如钓白鲢就向洞中填入极酸的酸饵（如钓花鲢则添加臭饵），而后将洞口封闭捏紧，采用飞钩装饵方式，即可下钩垂钓。

这种填馅式装钩的方法的最大优点是：饵团外面的酸臭味并不浓，正适合鲢、鳙鱼口味；入水后，馅内的酸臭味慢慢外溢，使饵团在水中，始终保持轻微的酸臭，虽久泡一两个小时，其酸臭味也不会消退，既节省钓饵，又可减少换饵时间，有利于提高上钩率。如果开始就将这些酸臭浓烈的添加饵掺到饵料中，味道太重，鲢、鳙鱼并不喜欢；如果开始就是淡味钓饵，则入水后泡不了多久，其酸臭味便会消失，失去诱鱼的作用。

　　此法已为不少钓友采用，都觉得这种填馅式的装饵法，确有独特之处，堪称钓鲢、鳙一绝。

　　用手竿钓鲢、鳙鱼操作技法完全按一般手竿垂钓方式进行，只是由于鲢、鳙鱼个体较大，应选用较结实的钓具。手竿可选用 4.5 ～ 6 米的长度。最好使用长线（也称齐竿线，即竿、线等长），线长便于与鱼周旋。钩应选用日式 9 ～ 13 号宽钩门的钩，这是由于鲢、鳙鱼嘴大，钩大一些有利于上鱼。可用单钩，亦可用双钩。钓饵可用酸臭饵，也可用香饵。但不论采用什么味道的饵料，都要求钓饵松软，且能逐渐散化成雾状。钓前应向钓点多投酸饵，起诱鱼、聚鱼作用。垂钓中还应经常补投诱饵，使鱼久聚不散，越钓越多。鱼上钩后，应迅速将鱼领出钓点，以免惊鱼毁窝。

　　用海竿钓鲢、鳙，是钓鲢、鳙中最常见、最有效的垂钓方式。由于鲢、鳙鱼个体较大，钓鲢、鳙用竿应略长些为好，如 3 米左右，竿尖硬一些便于遛鱼。钓线以 0.35 ～ 0.45 毫米粗为宜。鱼钩以 11 ～ 13 号钩为好。由于鲢、鳙鱼口大，鱼钩不要使用钩尖过于内扣的型号。

　　海竿钓鲢、鳙鱼，还是将多副竿集中投到一点为好。因为诱饵、钓饵集中，易于引鱼前来摄食，上鱼率高。所以带多副海竿外出钓鲢、鳙者，只要选准钓点，就不要四处找鱼。开始就集中投到一点上，面积大一点亦无妨，如 4 ～ 6 平方米范围之内均可，靠诱饵将鱼引过来。

只要打好了窝，不愁鲢、鳙鱼不来摄食。鱼来了也不愁鱼不上钩，一个好窝子钓一天鱼没有问题。

9. 武昌鱼

武昌鱼又叫鲂鱼，毛泽东的著名诗句"才饮长沙水，又食武昌鱼"，使武昌鱼名扬中外，香飘万里。武昌鱼为中下层鱼类，但在雨后，常在水面活动。5—6月为产卵期，产后食量大增，是垂钓的好季节。武昌鱼的食性和草鱼一样，只是因为它嘴巴小，个体也小，所以吃的草要嫩一些，细小一些。但是在垂钓时，用面饵、蚂蚱、蚯蚓、小虾甚至小鱼也能钓到武昌鱼。不少垂钓者发现，武昌鱼对酒糟有嗜好，所以，酒糟诱钓武昌鱼最佳。

武昌鱼恋群性强，经常是成群结队、四处觅食，所以垂钓的季节限制比较小。一般夏季阵雨前，会在河流的中下游觅食，雨季则在中上游觅食。它们吃食比较猛，成群集聚时，往往钓饵未到位，就咬钩了。武昌鱼上钩后，不远逃，常常是把身子卷曲起来摆动。

钓武昌鱼和钓鲫鱼一样，要打窝。因为武昌鱼是樱桃小口，所以要用小型钩钓，钓线用透明胶丝。诱饵可主选酒糟，钓饵可用红蚯蚓、桑葚、小虾，浸泡过的麦粒、大麦芽、青豆瓣等。在炎热的夏季可选阴凉处打窝，夜晚可在浅水处诱鱼。秋后宜在向阳深水区或者水草间打窝。

武昌鱼的鱼星比较小，一次泛 1 ~ 2 个同等大小气泡，这跟它的嘴小有关，可以和其他的鱼区分开来。它的吞钩速度较鲫鱼快，给我们的感觉像在闹小鱼。在浮漂有信号时可立即提竿。武昌鱼的挣扎力弱，但是它的唇，很容易撕开脱钩，所以不能掉以轻心，尽量用抄网将鱼抄到岸上，再进行摘鱼。

10. 黑鱼

黑鱼又叫七星鱼，是生活在淡水中，体态健壮，以肉食为主的大型鱼类。它的主要食物是小鱼、小虾等小动物。黑鱼通常生活在杂草丛生的湖泊渠道中，夏、秋多活动在水的中上层，隐藏在杂草丛中，有时浮出水面觅食或者晒太阳，冬季则藏于稀泥或者深水中。黑鱼的活动范围不大，生活比较懒散。夏季中午，别的鱼儿都躲在阴凉处乘凉，唯独黑鱼我行我素，躺在水面上一动不动地晒太阳。

黑鱼口大齿利，攻击性很强，1 千克左右的个体，可以吞食与其身体等大的鱼类。黑鱼一般是在人迹罕见的避风避阳、水草丛生的地方筑巢、产卵。产卵后，雄鱼潜伏在附近护卵，直到鱼仔们能自由地觅食为止，因此，黑鱼卵的成活率很高。

根据黑鱼的生活特点，垂钓时最好使用长线、大钩、粗线、短线钓。手竿采用 4 ~ 6 米，竿尖有较强弹性和韧性的长竿。钩最好用 3.3 厘米左右带倒刺的大钩。线用 0.6 毫米以上的粗线，主线长 3 米即可。钓饵用活蛙、泥鳅或者小鲫鱼。

　　不同季节，垂钓黑鱼的方法也不一样。通常有钓明、钓窝、钓暗 3 种方法。

　　钓明法。 主要用于春末夏初。此时，越冬后的黑鱼，从深水游到浅滩边水草中晒太阳，我们可以时常看到它的鱼背露在外边。这可是垂钓的好机会。

要做到眼尖、脚轻、不惊动黑鱼，还要穿浅色的衣服，钓饵也要非常准确地落在黑鱼前方 8 ~ 10 厘米处。黑鱼吞钩后，会吐出一串鱼星，此时切勿起竿，等吐出第二串鱼星时，才可起竿。因为黑鱼性残忍，捕获食物不会轻易放松，所以即使吞不下也不会脱钩，抬竿方向与黑鱼游动方向应相反，这样才不易脱钩。

　　钓窝法。 如果在夏季钓黑鱼，这种方法最合适不过了。因为从 4 月下旬到 8 月中旬正是黑鱼交配产卵时期，它们会选择杂草丛生的水域，咬断草尖，用尾巴把断草扫开，做成一个鱼窝。根据窝的大小，可判断产卵黑鱼的个头。一般来说脸盆大小的窝，产卵个体在 1.5 ~ 2.5 千克；碗口大的窝，产卵个体在 1 千克上下。产出的卵在阳光下一片金黄；在产出后 3 ~ 5 天，孵化中的卵变成黑色。刚孵化出的小黑鱼呈金色，不久后又会变成黄色。由于黑鱼护幼的特点，在产卵后 3 ~ 5 天，直至幼鱼自立前，雌、雄鱼都要守护在身边，很少进食，所以整个孵化期它们都处于饥饿状态，是垂钓的好时机。

　　钓暗法。 这个方法主要用于秋季。秋高气爽，黑鱼为了越冬，食欲很旺盛，所以秋季也是钓黑鱼的好季节。它们早晚一般藏在杂草浅水处，中午则到深处。可以按照黑鱼的活动规律将饵钩放在水面下不断抖动，每次抖动后停几秒钟，让活蛙钩在水下4～5厘米处看起来像活蛙一样，这个时候，黑鱼就会咬钩。黑鱼的咬钩方式有明咬和暗咬两种。在黑鱼咬钩后，不要急于提竿，因为这时它刚吞饵，还没咬牢，4～5秒后，可轻轻抖动一下竿，黑鱼误以为是蛙在挣扎，会咬得更紧，这时再逆着它的游动方向较力提竿，就万无一失了。

11. 鲶鱼

鲶鱼又称鲇鱼、河鲶、年鱼、鲶拐子等，为食肉性大型淡水鱼类，广布于黑龙江、辽河、海河、黄河、长江、珠江等水域，以长江、钱塘江、淮河流域为最。

鲶鱼为底层凶猛性鱼类。怕光，喜欢生活在江河近岸的石缝、深坑、树根底部的土洞或石洞里，以及流速缓慢的水域。在水库、池塘、湖泊、水堰的静水中，多伏于阴暗的底层或成片的水浮莲、水葫芦下面。春天开始活动、觅食。入冬后不食，潜伏在深水区或洞穴里过冬。

鲶鱼眼小，视力差，昼伏夜出，全凭嗅觉和两对触须猎食，极为贪食，天气越热，食量越大，阴天和夜间活动频繁。

鲶鱼性成熟早，一般一龄即成熟。产卵期长江一带为4—6月，越往南越早，越往北越晚。产卵时成群追逐。幼鱼以浮游生物、软体动物为食，其中水生昆虫的幼虫与虾类是它的美味佳肴。鲶鱼贪食易长，500克左右的幼鱼便大量吞食鲫鱼、鲤鱼等，成年最大个体可达40千克以上。

垂钓鲶鱼诱饵可用家禽内脏（鸡、鸭、鹅的肺、肠、肚），或羊骨煮熟剁碎，装入纱布口袋中，用绳捆扎，投入钓点打窝。也可使60%的米饭或馒头、窝头，加40%剁碎的鱼头或鱼骨，鸡、鸭骨做成合饵，捏团投入钓点诱鱼。

通常鲶鱼钓饵，在春季和夏初宜用蚯蚓或小鱼；盛夏至深秋用青虫和蚂蚱。鲶鱼喜欢吃活食。如用蚯蚓挂钩，必须使头尾在水中能自由活动。用小鱼则须挂上颚，以至能在水中自由活动。用蚂蚱则将其腿

并齐绑于钩柄上；再将鱼钩从脊背穿入，使钩尖露在外面，蚂蚱在水中前腿可自由划动。用青虫则钩尖从嘴穿入，颈部露出，虫体用线绑于钩柄上。鲶鱼的钓法要因季节而异，但不论什么季节，都应采用近钓、弱光钓和夜钓，尤以夜钓上钩率最高。时间以傍晚至子夜前最佳。鲶鱼怕光，且靠边游动，因此无论在河川池塘，还是湖泊、水库垂钓，钓点都应选择在水面狭窄，光线暗淡，水流平缓，浅水区和小鱼、小虾活动多的地方。春季因潜伏一冬，鲶鱼十分饥饿，日夜寻食，在水质浑浊的小支流处、水流平稳的河湾都能钓到较大的鲶鱼。夏季鲶鱼多聚集在河道、沟渠杂草丛中产卵，夜间在这些地方定能钓到大鲶鱼。秋天应以插竿夜钓为主。冬天则不容易钓到鲶鱼。

钓具一般用竿壁较厚，竿梢较粗的短手竿（2～3米）。钓线用直径0.4毫米、0.5毫米粗的尼龙线。鱼钩需用大号长柄钩。

手竿垂钓有手感钓和插竿钓两种。手感钓不用浮漂，凭手感钓取。

当握竿手感到有东西拉拽，并有沉甸甸的感觉之时，应迅速用力起竿。插竿钓是选几根插竿，用蚯蚓、小鱼、小虾为饵，傍晚时选择河滨、沟渠的进出水口附近抛钩，将插竿斜插在岸上，竿梢系铃铛，当鲶鱼吃食时，铃铛一响就收线摘鱼。

12. 甲鱼

甲鱼，学名叫鳖，就是我们平时说的王八。它是一种营养滋补价值非常高的美味水产品，有极高的药用价值。

甲鱼是水陆两栖动物，但是主要生活在水中。只有产卵和夏季觅食才上岸活动，甲鱼对血腥味特别敏感。它主要以小鱼、小虾、昆虫或其他动物内脏为食。它的听觉、嗅觉、味觉都非常灵敏，可以听到很远的声音，所以在陆地上想逮到甲鱼是很困难的。

甲鱼在冬天会冬眠，所以垂钓甲鱼季节性非常强。一般立夏后开始咬钩，小满至立秋最活跃，寒露以后，就很难钓到甲鱼了。甲鱼喜欢在凉爽、凉而不寒的水温条件下生活，喜欢在砂石结合处觅食，一般在未受污染的流动河水中比较多。多年未清淤、未干涸的湖泊深潭、水库及大型池塘中，甲鱼个体比较大。

钓位的选择也很重要，春钓杨柳、夏钓滩。就是说春天在有杨柳的岸边垂钓，夏天在河滩附近垂钓，效果较好。甲鱼常常在钓鲫鱼的鱼窝中出现。可以从鱼星来辨别甲鱼：鱼星如瓷杯或小碗口大；一大团气泡上升，这是甲鱼口中冒出的气泡和四肢抓动饵料或池底冒起的泡。甲鱼一般昼伏夜出，所以如果在夜间垂钓，效果最好。

通常在有甲鱼的水域，甲鱼会经常"光临"其他鱼类的鱼窝，甲鱼一旦占领了鱼窝，其他鱼类就会避开。它在窝中又吃又扒，会出现特有的鱼星。甲鱼虽然喜欢在夜间活动，但是如果诱饵非常有诱惑力，它白天也会来吃。发现甲鱼鱼星后，要立即下钩。

甲鱼吞饵时，浮漂会下沉上升，再下沉再上升，反复几次，速度比较慢，升得也不会太高，像一个调皮的小孩在玩耍。因为它栖于水底不动，头颈的高度有限。这样吞吞吐吐可达 3～5 次之多，但是在第三次时，就应该提竿了，否则它尝试了几次觉得咬不动后，就会吐钩而走。

重点提示

　　钓到甲鱼后还有重要的一步，就是摘钩。用脚踩住甲鱼脊背，从口中摘下鱼钩，随即抓住它的脊背，放入鱼篓中扎紧口。甲鱼虽然没有牙齿，但是它的牙床十分坚硬，在退钩时脚要踏紧背部，再拽出其头，待全部拉出时，一手捏住甲鱼头，使其不能活动，另一只手再去摘钩，这样才比较安全可靠。还有一种比较安全的摘法是，用一小竹签塞进甲鱼嘴里，将钩拨松再取钩，若已吞入咽部，可剪断钓线，暂不取钩。

当甲鱼被鱼钩钩住后，它先是缩头，用爪子扒住河床泥土不放，一旦被拖出水面，又会用四肢紧紧攀住附近水草，试图挣扎。拖上岸后，钓友也不能放松，因为线一松，甲鱼就有可能脱钩而逃，它的爬行速度极快，很难再逮住它。为防止甲鱼逃走，可以打击其头部，使它缩头，然后用线将它从头到尾紧紧捆住，使其仰躺放在容器中，还可以在其裙边处用小刀戳一孔，用粗线拴牢，固定在岸边，这样就万无一失了。

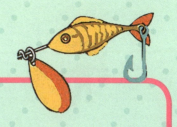

第五章

钓鱼技巧与钓鱼比赛

 **1. 选择水域的窍门**

（1）看

看地形。如是河流、水库、湖泊，应选相对水面较小无急水流的地方。岸较平缓，进出较方便、安全的地方。水面宽，有急流，岸陡峭之处不宜垂钓。

看水面。有无水草、浮萍、藻类植物，有这些植物的水面比没有这些植物的水面要好。但是，这些植物太多太密，无处下钩也不行，因为杂草、浮萍多，影响抛线、扬竿。水中有过多的树枝、石块、木桩等，也不宜垂钓。鱼吞钩后会挣扎，乱游乱窜，窜到树枝、木桩下就麻烦了。人声嘈杂的地方，船只过往的渡口，大桥下面，公路、铁路边也不适宜钓鱼。

还要左顾右盼上下看。看身旁是否有障碍物，影响扬竿起鱼；看头顶是否有电线，特别是高压线；看岸边是否壁陡，是否潮湿滑脚，不够安全，不好收线，不好插支架。这些情况都应考虑到。若见所站处较别处光滑，平底，有烟头、塑料袋等遗弃物，说明这里经常有人垂钓，是别人也认为不错的垂钓处。

（2）闻

在水边通过闻到的气味，可以判断水中鱼的情况。有鱼的水域，空气中飘散着鱼腥味，鱼越多，腥味越浓。迎风站在下风口，判断的效果最好。

（3）问

向当地的群众询问，了解近两年该处是否干涸过，来钓鱼的人多不多。若有人看管，可问池中什么样的鱼多，喂的什么鱼料。

（4）试

将钩和线投入水中试水的深浅。水深不足50厘米或深度超过2米，都不适合短竿垂钓。水深在1米左右最为理想。

用钩和线多试几个地方，在方圆2～4平方米的地方试探，看水底是否平坦，高低差是否过大，水下是否有石块、障碍物等。如水下不理想，再到其他地方试探，直到找到合适的地方。

（5）听

春天和夏天，鱼儿食欲旺，若水中有水草、浮萍，鱼儿会咬草、拱草根，水中会发出响声。若毫无声息，水面平如镜，证明水中鱼少，或是因气候、风向等原因致使鱼儿不活跃，觅食兴趣不高。

重点提示

许多鱼在摄食过程中会泛起气泡于水面，而且气泡差异还可反映不同鱼种。气泡大而透明，呈直线连续泛起，多为黑鱼在吞食；气泡泛起一两个，升速缓慢并很快消失，可能是鲫鱼；气泡大小不等、大中伴小，小中有大，多为草鱼和青鱼；而那小而密集的气泡，则为鲤鱼所为；气泡大小不均，群体呈带状，中心大、边缘小，徐徐移动，这种情况定是甲鱼。

2. 怎样知道水中有没有鱼

钓鱼如打仗，战斗的胜负取决于指挥员的部署，正确部署来源于对敌情的周密侦察。同理，渔获丰欠，取决于正确的钓法，正确的钓法基于对鱼情的了解。敌情可耳闻目睹，而鱼不离水，怎知水中有无鱼？其实，鸟飞兔走，各有规律。鱼在水中不能不活动，活动就不能不留蛛丝马迹。经验证明，根据水质浑浊度、水面波浪、水草动态，看鱼跃、闻鱼腥等，都可大体断定鱼情。

（1）看水质浑浊度

宋人言曰"人至察则无徒，水至清则无鱼"，水若清澈如晶，触目见底。即表明水中无鱼。因为生活在水底的如鲫鱼、鲤鱼类，在它们耕泥觅饵、嬉游或追逐鱼虾时，必翻起泥浆搅浑水。如此说来，是否水越浑浊越有鱼呢？那也不一定，若因雨水冲积，水浊如酱，则不能表明有鱼。因鱼而浊之水，必是上清下浊，清中带浊，鱼越密越大，浑浊度越高。

（2）看水面波浪

"鱼多水不静"，凡水中有较大的鱼，尤其中上层鱼，在它们游弋、猎捕活饵时，水面会呈现隐约可见的"八"字形层层波纹。在追捕低飞昆虫时，又会击起回环鳞波。此景在朝阳东升和傍晚时分，以及天气变坏之前，显而易见。凡无风的水面呈现浪花翻腾、波纹交织、此起彼伏、纷繁多姿的景象，则表明水中有鱼。根据波浪大小，即可大致断定鱼种及其个体大小。

（3）看鱼起跳

鱼类起跳时，不同鱼种的姿态、声音各异，根据鱼起跳的姿态和声音可识别该水域有什么鱼。白鲢起跳用尾部击水发出"啪啪"声，声清脆，浪花小，消失快。鲤鱼腾跃全身离水，入水时摆尾击水发出"噼"声。鳙鱼起跳半身出水，头部入水发出"咕嘟"声，声大而闷，浪花大，消逝快。

常观鱼跃，多听其声，日久天长不仅能判断鱼情，而且可识鱼种。定点观察鱼群起跳，还可断定它是流动性还是定居性鱼群。若鱼成一路纵队越跳越远，速度快，动作惊，表明是流动性鱼群，不宜垂钓。若鱼群跳跃的方向不一，动作较慢，或原地游来游去，则属定居性鱼群，适于垂钓。全年鱼跃盛期为夏季的晨昏，入秋后渐少，霜降后只在低气压（发闷的）天气偶尔起跃。

（4）看水草动态

鱼类大多与水草有缘，这不仅因有些鱼以草为食，还因鱼类所需的美味佳肴大多栖身于草丛之中，或粘附其茎叶之上。鱼类窜游于草丛之间或攫取粘附在草丛上的饵料时，必触及草棵抖动，枝叶常有被掠食的痕迹，水面有残茎碎屑漂浮，这些都是有鱼之兆。

（5）闻鱼腥味

鱼体腥味会透过水面随风逸散，遇潮湿闷热天气腥味更浓、扩散得更远，不仅在下风头，即使在上风头也可闻到。既有腥味，就一定有鱼。

3. 选择钓位的技巧

选好了可以垂钓的水域，还有个如何选择最佳钓位的问题。往往有这样的情况，同在一个池塘钓鱼，渔具、钓饵都一样，可是有的人连连扬竿取鱼，有的人却"望水兴叹"。这除了技巧之外，就是钓位的问题了。选择以下钓位容易钓到鱼：

①若是方形塘、长方形塘，不要选边角处，要选边线的中间处。

②刮风时，多选在下风口。因为风会把水面的浮游生物、微生物吹向下风口，下风口鱼儿的食物丰富。台湾钓法是竿梢入水，小的水浪不会有多大影响。

③人工喂鱼的池塘，可选人们经常向水中投放饵料的地方。

④家禽、家畜经常下水的地方。鸭子栖息处、牛卧处、饮水处。

⑤春天，靠近岸边的近处。因为春天鱼儿食欲旺盛，常到靠岸有水草的地方觅食，靠草梗、树枝摩擦身子产卵、孵卵。

⑥夏天，选择水较深的地方。水浅处太阳易晒透，水温相对过高，水深处水温较低。

⑦秋天，选岸边有打谷场、菜园的地方。风会把谷粒、菜叶、小虫吹落水中。

⑧岸边有大树的地方。树上的昆虫、子实、鸟儿的粪便常常落入水中。

⑨冬天，选择光照好的温暖背风处。若是天气好，气温上升，鱼儿会到这些地方晒太阳、觅食。

⑩若水中有水草、浮萍、树枝，可选在这样水域的附近，但要与其保持一定距离，避免草根、树枝挂线。

⑪进水口、出水口处的水流流速平缓处。

⑫人们经常洗菜、倒水、刷洗东西的地方。

⑬水库、湖泊中，有网箱养鱼的地方。

⑭堤堰、河沟的上游浅水区、狭窄处。

⑮深水与浅水的结合部、两块草丛之间的连接部。

⑯岸边向水中凸出的部位，或凹进来形成小水湾的地方。

⑰水较深的水域选浅水区；水浅的水域选较深处。

钓鱼高手每到一处常常不是急于确定钓位和下钩。而是先环顾四周，走走看看，用竿、线反复在水中试探，看水的深浅度，看水中是否有障碍物，水底是否平坦。经反复比较，思索，方可定下钓位。

4. 怎样巧用蚯蚓做鱼饵

不论什么蚯蚓都可用作钓鱼的钓饵，只是要注意钓什么样的鱼，选什么样的蚯蚓。这是因为蚯蚓的种类很多，有的长达数十厘米，有的仅几厘米；有的颜色红，有的颜色绿，有的红白相间；有的有特殊的蚯蚓香味，有的带腥臭味。由于鱼的种类不同，索饵的习惯也不一致，有的喜香，有的喜臭；有的喜红，有的喜绿。钓鲤鱼和鲫鱼，人们喜欢使用红色的蚯蚓；钓鲶鱼、黑鱼和甲鱼等食肉性的鱼，则以绿蚯蚓为佳。此外，钓大鱼用大蚯蚓，钓小鱼要用小蚯蚓。还应尽量使用整条活蚯蚓，不要摔死，不要截断。因活蚯蚓在水中能蠕动，可起到诱鱼的作用。当然，如果使用大号绿蚯蚓，那就非截断不可。

使用颗粒饲料喂鱼的鱼塘，如用蚯蚓做钓饵则效果常常不佳。因为这里的鱼已习惯了吃颗粒饲料，对其他饵料不感兴趣。

用蚯蚓钓鱼，在季节上也有讲究。对蚯蚓，不仅大鱼爱吃，小鱼也爱吃，所以夏天小鱼多的时候，为防止小鱼捣乱，就不应用爱招小鱼的蚯蚓，而改用面食。以北京为例，每年5—9月，钓友一般不使用蚯蚓，只在春天和深秋季节才用蚯蚓。因为这时天气较凉，鱼儿摄食不很积极，用活食可诱发鱼的食欲，提高上钩率。

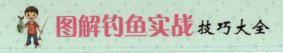

5. 快速装鱼饵的方法

现在盛行的竞技性钓鲫比赛，一改休闲垂钓时那种温文尔雅的态势，其操作之快，上鱼率之高，实在令人惊讶。在当今钓鲫比赛中，平均一小时上60条鱼已不是什么新闻，有的竟能在一小时内钓起100多条。这么高的上鱼速度，要求装饵、出竿、钩坠入水、鱼咬钩后的提竿及摘鱼等一系列动作环环紧扣，不能有任何浪费时间的多余动作，垂钓比赛中钓友们都在千方百计地缩短每个动作的时间。下面介绍一下快速装饵的方法。

人们垂钓时为了缩短上饵时间，常将面食捏成许多饵球放在一旁待用。有的钓友为了快速取饵，还将饵球咬在嘴唇边；有时口中特意吃着香甜糖果，以便将香味喷到饵球上，以求高上鱼率。快速装饵的具体操作方法是：在摘完钩上的鱼之后，迅速将一只手伸进摆在钓友面前的饵料盆内，用拇指、食指和中指抠起相当于两个钓饵的一团饵料；随即用三指将饵料一捏，使它成条状；再用拇指的指甲从中一掐，将饵团一分为二，一半随拇指上翘粘在指甲盖上（它不影响手指的活动），另一半饵料仍在三指中间；这时握竿的手已将鱼竿放下，手中捏着鱼钩，迅速将三指中间的饵团装上一个鱼钩，而后用食指将拇指指甲盖上的饵团刮下来，又用三指迅速将饵团装上第二个鱼钩。如此，便完成了双钩装饵的动作。从手伸进料盆抓料到装上第二个钓饵，动作熟练的钓友仅需3秒钟左右即可完成。这手绝活，只有经过多次反复练习才能练就。

6. 怎样投准海竿

海竿投不准，表现为距预定目标前后不到位和左右有偏差。这主要是抛投方法不正确所致。有的钓友采用与目标成90°的侧站位，在抛投时转动身体去寻找目标，殊不知就在这转动的瞬间，已远离目标，正是"差以毫厘，失之千里"。对一个老钓友来说，在运动中寻找或修正目标不成问题，但对于初学者来说，是比较困难的。

当然，影响投准的原因有很多，如风向的影响、钓友放线的迟早等，都是投不准的主要原因。还有一些不正确的握竿方法也会影响抛投的准确性，如有人在抛投时将海竿翻过去，使绕线轮朝上，而后用

拇指将钓线压在竿上，放线时再松开拇指，这样的握竿动作拧着劲，自然影响投准。正确的握竿方法应该是抛投时绕线轮朝前，用食指勾住钓线，翻开拨线架，抛投中伸直食指放线。

这里向初学者介绍一种操作简便又不易产生偏差的劈投方法。所谓"劈投"，就是先将身体正面对准目标，两脚与肩同宽平行站立（亦可站成前后步），双手握竿举至头顶中间，使身、竿、手、眼一齐对准目标，采用砍劈动作将竿自后至前、自上而下地劈出去，待竿挥到

前方距水面角度45°时即松开手指放线。用这个姿势投竿，好学易练，一般不会产生左右偏差。

关于投竿到位的问题，要求钓友多练习，以熟练控制用力的大小与方位空间能力的结合，才能达到"眼到手到"的目的。有一个小经验可供钓友参考：抛投饵坠时要宁远勿近。因为投近了无任何修正办法，而略投远一点可做小的修正。使用旋压式绕线轮，抛投之后钩、坠飞近目标时，即伸直前握竿手的食指轻轻压在绕线轮的线槽上，压制钓线慢放或停放，使钩、坠命中目标（只是权宜之计，非规范动作）。但在压线时必须注意由轻而重，不可一下将线压死，否则会使正在飞行中的饵团骤然停顿而散落，再者，使用强力压线也容易伤及手指。如果是用手拨式叉齿轮，则用手指压轮减慢出线速度即可。

海竿的抛投方法很多，有劈、抢、弹、撩等方式，钓友应熟练地掌握一种之后，再去练习那些难度较大的投竿方法。掌握多种投竿法，可以不受或少受地形地物障碍的影响，以扩大海竿的用场。

7. 手竿送线要领

使用手竿时，新钓友往往不能将钓线弹出去，原因主要是未掌握弹线的要领。

正确的方法应该是一手握竿，4.5米以下的短竿，握在竿的柄端；5米以上的长竿，由于竿身重，仅靠手握柄端是非常吃力的，握竿的手要向前移，握在距柄端约40厘米的地方，并用肘压住竿柄，这样就轻松多了。最重要的是抓线的这只手，必须紧抓钓线向后拉，将线绷紧竿拉弯，形成弹力。出线时钓友再向上扬竿，又形成一种拉力，这两股力量的合力能轻易地将线弹出去。抓线的这只手在出线时，手在原位不动，只是松开抓线的手指，任线向前自由地弹出。注意，一定不能随线向前抛投。如果这时抓线的手也随线向前投送，那么前面形成的弹、拉之力将随之抵消，鱼线失去这两股力量自然也就送不出去了。另外在出线的瞬间，要防止鱼钩钩住抓线的手指。

要使钓线能很好地弹送出去，铅坠的重量也起着不可忽视的作用。所以，漂、坠要做合理的匹配。

如果钓友迎风垂钓，风大竿长时出线会非常困难，此时可采用"甩大鞭"的方法将钓线投出去。不过要注意四周是否有障碍物，更要注意不能钩着人。

8. 正确使用绕线轮

绕线轮的种类很多，但现在使用海竿的钓友中，除了一部分钓友用叉开齿槽式手拨轮外，大部分都是使用旋压式绕线轮。这种绕线轮收线时线轴不转动，靠旋转轮带动拨线架旋转绕线。旋转轮在旋转的同时，还有规律地上下移动，使收回的线均匀地排列在储线槽内，不易乱线。放线时翻开拨线架，靠钓友挥动鱼竿，利用钩、坠、饵料的重量，将线自由地带出去，由于不带动线轴转动，所以出线时阻力小，速度快，投得远。

这种绕线轮使用时并不复杂，初学者只要记住操作顺序，练习几次即可自由操作。其顺序可以简化为"钩、翻、投、复、紧"五个字。钩：投竿前首先用前握竿手的食指钩住钓线。翻：将拨线架翻开。投：投竿。复：待钓饵入水后将拨线架复原。紧：将钓线收紧，整个投竿动作完成。下面介绍一些操作中的具体方法。

（1）如何向轮上装线

先将绕线轮安装在海竿上，并将曳力开关拧紧，海竿的前几节不

必拔出来，如果是盘线，即可将线头从海竿的第一个过线圈由上向下穿过，将拨线架翻开，再将线头拴在线轴上，结死扣，而后将拨线架翻回原位，请另一人一手拿线盘，一手捏住鱼线，并略微捏紧一点，使绕上的线不致太松，握竿者可以摇动手柄上线。

每只绕线轮上都标有各种规格鱼线的容量，可做参考。总之不论装什么线，都不要装得太满，鱼线略低于储线槽口即可，线装得太满容易产生乱线。但也不能装得太少，尤其是那种线槽窄，线轴细的轮子，如果线装得太少，出线时鱼线就会加重摩擦线槽的前沿，产生阻力，出线不通畅。不仅影响投远，

而且还磨损鱼线，装线时如果鱼线短，可以接一段旧线，绕于轴心垫底，而后再接上实际使用的线，当然，使用时不要超出这个长度。现在有的厂家生产出宽线槽粗线轴的绕线轮就解决了磨线的问题，还有的厂家生产的绕线轮的线槽上线后成塔形，前小后大。钓友不要认为是绕线不匀，它也是为了解决出线的通畅问题。

旋压式绕线轮的手柄，有的固定在左侧，有的固定在右侧，有的则可以左右互换，钓友在购买时应注意选择与自己左右手相适应的轮子，用时才会感到方便。

（2）怎样识别传动比例

每只绕线轮上都标有传动比例，即手柄摇一圈，能带动拨线架转几圈。它们的比例一般为 1：3～1：5，比例越大，收线的速度就越快。

如果进行远投，或者是在水库等易挂底的地方垂钓，还是用传动快的轮子好，因为它收线快，不易挂底。每只轮子的传动比例，只是标明它的性能，不完全说明它的质量。轮子拉力的大小，取决于轮子本身的大小，轮子大其拉力也大。有些强力型的绕线轮，是用超硬耐磨材料制成，其拉力更强于一般轮。一只好的绕线轮，它应当外表光洁、摇动时手感轻快、无杂音、机头不晃动、绕线时线槽排线均匀等。

重点提示

垂钓时使用轮子的大小取决于海竿的长短，长竿配大轮，短竿配小轮，使它们相互匹配。绕线轮安装在海竿上之后，握海竿时上面的手一定要用手指夹住绕线轮的支架，连同支架脚一并握紧。根据绕线轮的大小，中、小号轮可夹于中指和无名指之间，大号轮由于轮体长，手往后握时，食指勾不着线，所以手掌要向前移，这时可用无名指和小指夹住轮子的支架。这样握竿的好处是可以增加绕线轮与海竿连接的牢固性，起到保护轮、竿的作用。

（3）如何使用曳力装置

曳力装置有前后两种，装在绕线轮前端的叫前曳力，装在绕线轮尾部的叫后曳力。它们的功能相同，使用时操作方法也相似。这两种轮子各有特点，如前曳力轮，结构简单，不易损坏，它齿轮紧密，略微推动摇柄，即可将鱼线紧住。不足的是在收绕线时如要拧动它，手必须经过绕线轮前头出线部位进行操作，不甚方便。而后曳力轮的曳力装置是安在轮尾，即使是在垂钓时，要拧动它也很方便。而且曳力装置上还有刻度，标明它的松紧度。后曳力轮的另一特点是，收线时，

绕线轮几乎没有声音。这种轮子在紧线时不如前曳力轮，它要将摇柄摇动 1/4 或 1/5 圈才能挂上档，有时恰好就多拧了这么一点，使铅坠移了位。现在国内已生产出先进的后曳力轮，克服了这种不足。

在垂钓时有些钓友将曳力开关拧紧不用，待钓到大鱼要放线时，他们却将止旋钮（有的称逆止开关）打开放线，这是一个错误动作。止旋钮是一个能控制拨线架倒转的装置，在装饵换钩等需要放线的时候，可以打开它放线，但在垂钓时不要使用它。如果钓到特大的鱼，打开止旋钮放线，可能产生意想不到的严重后果。如有位钓友钓到一条大鱼，他打开止旋钮放线，结果由于鱼的力量太大，牵动拨线架飞速倒转放动，同时接柄也跟着快速转动，手根本无法握住它，最后放线失去控制，待线放尽后，被大鱼将线齐根拉断。

正确的使用方法应该是在垂钓前，先定好曳力开关的松紧度，这个松紧度是根据海竿所能承受的拉力来确定的。具体做法是将绕线轮装在海竿上，将海竿全部抽出来，并将钓线依次穿过每个过线圈直接从竿尖拉出来，再将曳力开关拧紧，而后请人扯住钓线，或将钓线拴在一个固定物体上，再用较大的力量提竿，将竿提到能够承受的最大弯度上，这时将曳力开关松到正好能放出线来，以后垂钓时遇到这样的拉力，它就会自动放线，这就是竿和轮拉力的最佳匹配。

还有的钓友平常也是拧紧曳力开关，待需要时再拧松它放线，这也不妥。如果在有大鱼的水域中垂钓，更应将曳力开关事前拧松一些。如果待大鱼咬钩要放线，再去拧曳力开关，很可能就因为延误的这几秒钟，导致钩失线断。这就是虽然使用了自动放线的先进绕线轮，却不能发挥它的作用的原因。

9. 及时把握提竿时机

鱼儿咬钩带动浮漂的变化和水波波及浮漂的变化是有区别的。鱼儿咬钩时有明显的节奏感，有一定的力度；而水浪、风力波及的浮漂的动没有节奏感和力度。鱼儿在吃食饵料时，往往是头朝下，身子向斜上方倾斜的姿态，当吞进钩后因钩扎嘴产生疼痛有刺激，鱼儿自然为了减轻这种痛苦会慢慢向上扬头，使身子处于水平状态，浮漂的反应是向上升，这就是钓友常说的"送漂"，鱼头若再扬高，浮漂就会平躺在水面。钓友见浮漂呈这种状态就知道钩上有鱼了。

怎么样才能看出浮漂的动态变化，及时把握提竿的时机呢？

①若钓钩刚入水，浮漂就被猛地拉入水中，随之又从较远处冒出水面，然后又猛地入水，浮漂又迅速地浮出水面，很可能是很小的鱼打搅，闹窝。避免的办法是将钓饵团粒加大，或者暂时到另一处垂钓。

②浮漂有力地向下一沉，再一沉，然后浮漂慢慢上升一目或二目，是鱼儿已上钩最典型的表现，应及时提竿，甚至当浮漂有力地向下一沉、二沉时就可以提竿。提竿时要靠手腕、手臂的力量，将鱼竿向上一提，力量要有节奏，动作短促，其目的是让鱼钩迅速钩住鱼嘴，节省鱼儿咬饵的时间。这是主动"出击"，不是等浮漂上浮了再提竿。如果是用短竿近距离垂钓，主动"出击"十分必要。尤其是比赛中，可以大大提高上钩率。

③若钓钩刚入水，还未沉入水底之前，浮漂在水面呈横平状态，这表明鱼儿在水的中、上层将就鱼饵吞食了，应及时提竿。要排除水底有障碍物，鱼钩不能沉底的情况。

④抛线后，浮漂没有向下，而是上浮，且无短促有力的表现，多

半是鱼身擦钩，或是鱼儿拱食钓钩
附近的散落的饵料。

⑤鱼钩入水后，浮漂不是向上、
向下有力地浮沉，而是呈螺旋状地
摇晃，多半是黄鳝在咬钩。

⑥鱼钩入水后，浮漂很慢地呈
均匀速度向水中慢慢沉没，或向别
处渐沉渐移动，多半是虾咬钩（包
括龙虾咬钩）。

⑦鱼钩入水后，浮漂向下有力
一沉，就浮出一目、二目，或横着
平躺水面，这是大鱼咬钩的信号。
鱼大劲大嘴大，咬钩干净利索，一
下子就将钩吞入口了。

⑧浮漂向下沉，向上浮出一些，然后有力地沉入水中，再也没见
浮出，这多半是草鱼、鲤鱼咬钩了。

⑨浮漂轻微晃动，然后慢慢向上浮，不再下沉，这是鱼吞食了鱼
钩送漂的信号。

⑩浮漂有规律地小幅度地一沉一浮，下沉上浮的速度一样，没有
力度，这是波浪带动浮漂的反应，不是鱼儿咬钩的信号。

⑪浮漂轻微晃动，或沉或浮几下后再也不动了，说明钩上钓饵脱
落了或是鱼儿吃光了，应及时提竿换饵。

⑫钓钩刚入水，浮漂就平躺水面或呈歪斜状，一是上层鱼儿咬了钩，
二是钩子落到了障碍物上。出现这种现象应及时提竿。

初学钓鱼的人见有鱼上钩了，很兴奋紧张，于是双手握竿，使劲
将竿扬起，由于动作太大，力量太大，即使钓起了鱼，也会吓跑水中

的其他鱼；若钩上无鱼，飞起的鱼线很可能挂住树枝或上空的电线。提竿的正确方法是：用手腕和手臂的力量将竿一提，就像有些人说的在锅里往前铲菜的姿势。这一提要短促，有爆发力，有节奏感，其目的在于让钩主动挂住鱼嘴。

10. 怎样钓到大鱼

在这里，我们权且将大鱼的标准定在 5 千克。怎么钓大鱼呢？

首先是钓场的选择。一般养鱼池不会有这么大的鱼，必须到河、湖、水库等长年不干涸的水域垂钓。

第二是诱鱼。大水面鱼的密度不大，因此诱鱼聚集就是成功的关键。可选用廉价的酒精、豆腐渣及麸皮、米糠等大量投喂。如有条件可连续投喂几日再钓。

第三是确定施钓方法。钓不同的鱼应采用不同的对策。是钓浮还是钓底？用什么钓饵？这些都要在事前有详细方案。

第四是确定钓具。钓大鱼，最好选择海竿，因为海竿在钓大鱼时有许多优点。如它的线长，可在较大的水域中与鱼周旋；有曳力装置，在鱼猛烈冲击时能自动放线，可以保护钓具不受损坏，还不易跑鱼。海竿可以使用一线多钩，当鱼被一只钩子挂住时，在遛鱼过程中其他

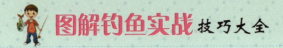
的钩子有可能钩住鱼的头、鳍部位，使鱼无法逃脱。另外在钓具的匹配方面，应注意其整体性能，如轮、竿、钩、线要搭配合理。

第五是鱼上钩后的操作。动作应缓慢柔和，切忌生拉硬拽，更不可弃竿用手拉线，这是钓大鱼和钓小鱼的根本区别。大鱼上钩后有两种反应，一种是鱼咬钩后拖着就跑，使钓线产生巨大压力将海竿拉弯；另一种表现是咬钩动静不大，但提竿时好像挂底一般，根本提不动，这时应特别沉着，不要急于硬提，应持稳钓竿将线保持一定的拉力，不让鱼吐钩，并做好与它拼搏的准备。

第六是遛鱼。海竿钓大鱼只要曳力装置用得正确，鱼儿挣扎超过竿的承受力时，它会自动放线。鱼不动时，钓友要轻摇鱼轮，迫使大鱼游动，消耗它的体力。遛鱼是最艰苦的事，钓友要有足够的思想准备。据悉，有的钓友遛鱼超过10小时，国外有的海钓大鱼遛鱼竟达几天几夜。

第七是抄鱼。首先应准备一只大口抄网或一柄大搭钩。钓友中有种很通俗的说法叫"不抄活鱼"，就是说只要鱼在游动，就绝不能下抄网，必须将鱼完全遛乏，使它失去抵抗浮躺在水面，这时才下抄网。人不要下水去抓鱼，尤其是多钩垂钓更不能下水抓鱼，严防多余的钩子钩住人，发生意外人身事故。

11. 遛鱼成功的关键要点

遛鱼的成败往往与遛鱼前提竿的力量有一定的关系。若提竿力量过猛，容易拉豁鱼嘴，即使没有拉豁鱼嘴，鱼也会立即因惊恐和疼痛向外拼命逃窜，造成竿、线被鱼猛然拉直，形成人与鱼"拔河"的局面。其结果不是拉豁了鱼嘴，就是断线，使鱼带钩而逃。如果提竿力量适当，大鱼一般不会立即惊恐而奋力逃窜，它会先左右甩头，试图把钩甩掉，这一招不成，即开始游动。此时鱼尚未意识到危险，因而游速不快，只是在感到游动受到阻力后才开始奋力冲撞。因此，提竿力量适当，在鱼开始激烈地反抗之前，垂钓者可赢得宝贵时间，为遛鱼做好思想上和行动上的准备。

遛鱼成功的关键有三：一要沉着，二要耐心，三要有娴熟的遛鱼技巧。沉着体现在提竿后意识到是大鱼上钩时，头脑要冷静，应立即使竿与水面保持45°左右的角度，竿体呈弓形；耐心是遛鱼不急不躁，有"持久战"的思想准备，绝不可有急于想看看是什么鱼或鱼多大而试图把鱼提到水面的念头；遛鱼技巧娴熟，表现在与鱼搏斗的整个过程中，要始终能正确处理鱼的各种挑战。当鱼奋力冲撞时，要随鱼的强大冲力，在保持竿体为弓形的前提下，顺势适当降低举竿的高度，同步向前送竿，必要时还应身体跟随前移，以削弱鱼的冲力给竿、线、钩造成的巨大压力。这就是"以柔克刚"的遛鱼战术。鱼经过几次奋力冲撞之后，体力已消耗大半，此时，其反抗能力虽已明显减弱，但仍要坚持"持久战"，进一步消耗其体力，直至鱼完全失去反抗能力，甚至"翻白"（肚皮朝上）时，才拖至岸边，再抄网上岸。

手竿毕竟不是用于垂钓大鱼的理想工具。遇到几十千克重的大鱼上钩时，即使垂钓者遛鱼的技巧十分娴熟，也避免不了因出现"拔河"而断线跑鱼的结局。因此，要想专钓大鱼，宜用两用竿或海竿。

12. 怎样正确使用抄网

抄网是垂钓者提鱼上岸的主要工具之一。除个体很小的鱼可以直接提拉到岸上之外，在一般情况下均应使用抄网，因为这是最稳妥有效的办法。使用抄网有一定的讲究，若方法不当很容易让到手的猎物逃脱，如果逃脱的是一条大鱼，就更令人遗憾了。下面简要介绍两种不同情况下使用抄网的方法。

（1）钓到个体较小的鱼

个体较小的鱼种类很多，我们以大家常钓的鲫鱼为例加以说明，鲫鱼生活在水的底层，反抗力较弱。一般情况下，鲫鱼吞饵后会被垂钓者提竿的动作拖离水底，它会挣扎着向水下逃窜，但很快就被制服，被垂钓者拉到水体上层。虽然它仍甩头、甩尾不肯就范，却无力反抗，在钓线的牵引下逐渐被拉向岸边。这时垂钓者应从容地把抄网伸入水中，网口对着鱼头的方向，等它被拉到网口上方时，抬网、松线，这条鱼便被擒获了。在近些年各地举办的钓鲫比赛中，台湾钓友们用直径 0.1 毫米的细线，配无倒刺的小型钓钩垂钓，他们使用抄网就采用上述方法。由于线细、钩小，钩上又无倒刺，当鲫鱼进网后，一松线鱼便从钩上自行脱落。这种方法简洁实用，在赛事中赢得了宝贵时间。

（2）钓到个体大的鱼

鱼的个体越大力量越猛，反抗时的耐力越持久，尤其是鲤鱼、青鱼，表现更为突出。当我们钩住个体大的鱼时，总是要先把鱼遛乏，方可拖到岸边，用抄网捞取，但是准备抄鱼时不可效法钓小鱼的办法，不应预先把抄网置于水中。大鱼上钩后，在未被遛乏之前，垂钓者无法控制其逃窜的方向，它不仅会向前方或向左右两侧逃遁，而且常常会主动向岸边

游来，然后沿岸边向两侧逃窜，尤其是在岸边水较深的情况下，这种情况是屡见不鲜的。当我们用组钩或串钩钩住大鱼时，除了钩住鱼口的钓钩在口腔内，其余的钓钩都垂悬于口腔外，若预先把抄网置于水中，而此时鱼恰好游近岸边向两侧冲撞时，垂悬于口腔外的钩极易挂住抄网的网兜，造成脱钩跑鱼。

　　抄鱼时即使鱼已基本疲乏，但被拖至岸边时仍有左右摆头的能力，其口腔外的钩亦可能挂住网兜。因此，必须等到鱼被拖近岸边，并已完全失去游动能力时，才下网抄鱼。抄鱼时，要果断而准确地把抄网从鱼的头部套入，垂钓者此时随着鱼的头部进入网口后要及时松线，否则绷紧的钓线会妨碍抄网把整个鱼体套进网兜。鱼进入网兜后，应一手持抄网柄，另一手握住网圈前部，使网口朝上，抬上岸。

2. 赛前要有思想准备

（1）多想几种可能，做到随机应变

既要预料到可能发生的情况，又要做到意想不到的情况出现时能随机应变。做到从最坏处准备，向最好的成绩努力。

（2）把比赛现场当作学习的课堂

参加一次比赛，要使技艺提高一步。每次比赛，尤其是全国性大型比赛，都是高手云集，因此，赛场也是学习垂钓高手好经验的最理想的地方。参赛时首先要想到学习。当然，即使参赛，谁都想取上名

次，但如果指导思想仅限于此，一心争雄，冠军非我莫属，这实际上就给自己背上了一个大包袱，束缚了手脚。有的甚至因此导致赛前几天心情紧张，夜晚失眠，进入赛场后精神恍惚，操作技能得不到很好的发挥。特别是当钓友中有人钓上来大鱼，而自己还无收获的时候，

更不知如何是好。结果是名次没有取上，技术也未得到提高。这样的教训是值得每个钓友注意吸取的。

（3）钓不上鱼没有关系，可千万别"钓上不愉快"

精神集中进行垂钓，这是应该的。但由于精神过度紧张而手忙脚乱，导致失误，则必须防止。钓鱼比赛，不光是比技术、比钓饵、比钓具，还要比精神状态。不是说技术、钓饵、钓具不重要，而是说这些东西只有通过人的主观能动作用，才会发挥威力。精神状况好，指导思想对头，上述失误就完全可以避免，对一切复杂情况都能随机应变。由此可见，思想准备绝不是可有可无，它是确保参赛成功的前提。

2. 认真检查各种钓具

比赛前对绕线轮、竿、线、钩、坠等要逐个逐件地检验和调试。对绕线轮的检验，要特别注意两点：一是拨开出线环，反复仔细观察、实验，看是否有反弹现象，实验10次哪怕是只有1次不好使，也要彻底修复，以免临场造成飞砣或折竿。二是根据主线的拉力调整好拽力头的松紧度——用力拉动主线，绕线盘应能倒转，主线拉不断，就是最适宜的松紧度。如拉主线绕线盘不转，再用力拉就断线，说明拽力头安得过紧、不能自动放线；轻拉主线，线盘就倒转，则说明拽力头过松。过松的拽力头，在大鱼上钩后，会出现绕线轮空转，造成主线末端拧劲过多而断线。一般情况下，拽力头稍松为宜，切勿过紧，以防大鱼上钩后形成"拔河"，或出现断线、折竿的事故。如摇动绕线轮不够滑溜，应打开除锈，并涂上润滑油。

检查竿的两节衔接处，是否有裂伤或松动，特别对使用多年的老鱼竿尤应注意，以防甩竿时脱节。如有磨损可在其细节根部涂一薄层

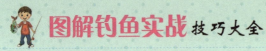
清漆。这项检修应在距比赛 24 小时以前进行。

检查鱼线有无硬伤或老化，浮漂和铅坠搭配得是否适当。检查调试可在水桶中进行，如果其落底后钩尖朝上、浮漂直立，就说明是最灵敏的反应度。若钩不落底，须加铅皮，若浮漂沉没，则应减铅皮。

重点提示

比赛前检查钩时要看是否黏手，有无锈蚀，在选优汰劣之后，要多制备几副组钩、串钩，以防挂掉后束手无策。此外，还应多备一支竿和一个装有强拉力线的绕线轮，以防不测。决不可把未经检查的钓具背起来就走，若把隐患带到赛场再去处理，其后果是可想而知的。在这个问题上，应牢固树立"赛场上时间就是鱼"的观念。拴鱼护的线绳最好是多股胶丝，不用单股尼龙线，以防踩断跑鱼。

3. 鱼饵多准备一些

鱼饵品种要力戒单一，否则，鱼如果不咬这种装饵的钩，就没有别的招了。至少要有荤、素两种以上能钓各种淡水鱼的饵。一般说来，素饵适用范围较广，特别是夏天至深秋，效果优于其他钓饵。如赛场选在养鱼塘，最佳的钓饵就是用喂该塘鱼的饲料为添加剂，制成面团。但这须提前调查了解该塘鱼的食性，否则，临场制备是来不及的。由开春到初夏，用蚯蚓蘸香精或花露水做钓饵，上鱼快。结合季节因鱼备饵，常是出奇制胜的重要前提。若在大水库举行比赛，因水面大，鱼的种类多而密度小，应采用一竿多钩，装上气味各异的荤饵或活饵，素饵或甜饵，以适应不同鱼的食性。若能抓到几条大青虫做钓饵，往往会出现意想不到的效果。因为深水中的草鱼、鲶鱼见到青虫是绝不会放过的。早晨和晚上在浅滩垂钓，效果也不错。具有独特气味的玉米粉，一定要带点。它既可底钓多种鱼，当出现鲢鱼多时，又可临时掺点阿魏粉，或装钩后在大葱韭菜发酵水中浸泡一下进行浮钓。若用面粉与鱼粉制成的荤素相兼饵，既能对抗小鱼闹钩，又对杂食性鱼有诱惑力。

有的比赛规则明文规定不准打窝，但多数不限。若不限，可在赛前一天的晚上选一块约500克的豆饼，喷上几口曲酒，用塑料袋密封好，翌日进入钓位时，投入适宜手竿垂钓的水域，用蚯蚓装钩后，蘸上香精为钓饵，可一条接一条地上鱼。特别是养鱼塘，用大块豆饼为诱饵打窝，效果最佳。若配上以喂鱼的颗粒饲料为添加剂制成的面饵，效果就更好。若规则不准打窝，可将一点羊骨粉或羊油等这些气味大、诱鱼效果好的诱饵，包在布包中，再加入一块比铅坠略轻点的小石头，可适量多包诱饵代替铅坠，用串钩装饵，其效果较好。此法可取得事半功倍之效，特别是用海竿远投，效果更佳。

4. 怎样进行投竿比赛

这是专场进行的投远投准比赛，要求运动员不仅身体素质好，而且投竿技巧娴熟。由于不带钩不装饵，铅坠应适量加重，并制成阻力最小的枣核形，从中心孔穿线，以防运行不稳偏离目标。实践证明，这种形状的铅坠比其他形状的铅坠，至少能投远1.5米，而且运行平稳，落点准确。竿身越长，线越细，投掷时阻力也就越小，有利于远投。

投竿的方法很多：有双臂投、单臂投；有立姿投、跪姿投、坐姿投；

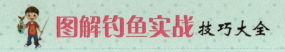
有劈投式、挑投式、弹投式、抢投式，等等。经过实践，用双臂、立姿、劈投式效果最好。这种投竿法易掌握，且投点远，落点准。现具体介绍如下。

预备姿势：双脚站立，右脚在前，左脚在后，呈丁字步，其跨度略宽于肩，右膝关节微屈，左腿微后蹬，躯干保持直立，双目盯准目标。右手食指扣住线，其余四指握绕线轮底座与竿体衔接处，左手握住竿柄，打开出线环后，双手擎竿高举至头顶正中，并将竿托平，从竿梢到铅坠下垂的主线长度，视竿身的长短而定，一般 3 米竿留出 1 米左右主线为宜，4.5 米的长竿，留 1.5 米主线为宜。过短，由于摆动幅度较大，投不远；过长，不能及时形成理想的抛物线，不仅影响远投，而且落点也不准确。做上述预备姿势，要力求使铅坠、竿身、目标三者呈一条直线。

投竿的协同动作：先深吸一口气，借以引出瞬间爆发力，右手用臂力往前劈下压，左手内收往胸前拉，用双手的合力向相反方向使劲把竿劈投出去。与此同时，右腿略弯，左脚用力后蹬，伸直腿，将躯体随着竿身前投而向前弯腰，形成一股助力，好像双手握住一把利斧，要劈开一块木头那样，全身协调用力。当右手食指感到有拉力，恰是竿身与躯干形成 45° 角时，立即松开扣线的食指，这一点十分重要！假若右手食指松开过晚，就会发生断线飞坠甚至折竿的危险；假若松开过早，就只有高度，没有远程，甚至会落在近处的人群中。

5. 怎样在比赛中发挥水平

比赛是检测平时训练的手段。通过比赛，可以了解别人和自己的实力及水平，可以互相切磋技艺，交流经验，取长补短，互相促进，共同提高。那么，如何才能在比赛中发挥水平呢？

①要有良好的心理素质。比赛重在参与，既要有信心，又不能精神负担过重。这样才能够轻装上阵，发挥水准。

②充分做好赛前

重点提示

在激烈的竞争中，有了良好的心理素质，就不会有思想包袱和精神负担。假如赛前期望值过高，抱着势在必得、非我莫属的心理，就容易在比赛中心态失衡。心态失衡，必将导致过分紧张而失水准，以至不能冷静地分析情况，处理问题，容易大起大落，稍有不顺，就会烦躁不安。越烦躁越紧张，越紧张越容易失误，结果往往事与愿违。

准备。赛前准备包括了解比赛时的天气状况、水质情况、所用饲料及备齐钓具。其中了解渔场所用饲料极为重要。由于人工养殖鱼择食性很强，饵料不对路，钓技再高也无济于事。比赛最好采用养殖场饲料或养殖场饲料掺入其他饵料和添加剂，令其色、香、味俱全。钓具应准备齐全并有备份。钓竿、钓线、钓钩、浮漂等都要逐一检查，做到保证质量，万无一失。

③多配几种饵料。除了养殖场的饵料之外，还要多配制几种不同口味的荤饵和素饵，并确定首选、次选饵料，当一种饵料失灵时，立

刻可以递补另一种饵料，直至选出最佳饵料参赛为止。

④长竿优于短竿，长线优于短线。假如比赛不限竿长，则尽量用长竿。若限制竿长，则尽量用长线。总而言之，比赛中谁的钓点远，谁就占优势。

⑤最好用无倒刺钩。无倒刺钩取鱼方便，能够争取更多的比赛时间。

⑥允许打窝应先打窝。不允许事先打窝，则可在比赛开始的一段时间里，以钓竿勤换食的方法形成窝子。

⑦提高应变能力。比赛情形变化无穷，应依据实际情况随机应变，灵活运用钓技。

⑧遵守比赛规则，赛出风格，赛出水平。

6. 钓鱼比赛有哪些形式

钓鱼比赛是广大钓鱼爱好者在钓鱼活动中的一种创举。国际、国内设置的项目较多，有的项目还在不断地产生。

以钓鱼工具分，有手钓赛、手竿赛、海竿赛、船钓赛等几种，手钓赛一律不用钓竿，全用手抛拽钓线；手竿赛不许用海竿参与；海竿赛也不许用手竿。为了做到机会均等，有的比赛严格规定线的长短、竿的长短、数量和鱼钩的多少。

作为体育运动，钓鱼比赛可分为锦标赛、杯赛、团体赛、单项赛、全能赛、对抗赛、邀请赛等赛类。锦标赛即以决出团体冠亚军和个人冠亚军而进行的比赛。国际钓鱼运动联合会经常组织各国进行国际性的锦标赛；杯赛是以某种奖杯命名的比赛。如广东的"东平杯"、吉林的"松花湖杯"、湖南的"临湘浮漂杯"等钓鱼赛。团体赛是多个钓鱼团体参加并决出团体冠亚军的比赛，各团体运动员相等，团体成绩取一个团体的个人重量（或单尾数量）的总和而评判决定的。单项赛是一个项目的比赛，以这个项目钓鱼成绩决定名次，如"钓鲫鱼"专项赛，只计算鲫鱼的重量或尾数，钓到草鱼、鲤鱼等均不计数，这是以鱼的品种进行的单项赛，还有以季节和重量来进行的单项赛。如北方冬天的"冰钓赛"，各地夏秋经常举办的"钓鱼大师"单项赛等。全能赛是把一次比赛的所有单项赛成绩的总和进行评判而产生冠亚军的比赛，如一次比赛中有海竿尾数单项赛、海竿总重单项赛、海竿单尾单项赛、手竿总重单项赛、手竿单尾单项赛，全能赛即把运动员这五项成绩加起来，决定先后名次。对抗赛是两个（或多个）钓鱼团体联合组织参加的比赛，方法有二：一是各选出相等的运动员分区抽签比赛，最后计算团体总成绩，以决出团体胜负；二是对抗赛双方（或多方）选手数量相等，分区抽签进行个人选拔，决出名次，以各队所得的名次的高低和多少来决定胜负，这种比赛有助于一市、一省或全国的垂钓技艺的交流。邀请赛是由一个国家或几个国家联合邀请其他国家代表队或知名运动员，或一省、一市邀请其他省、市代表队或个人参加的比赛，既为邀请，其比赛费用由邀请单位负担。

7. 怎样组织上百人的比赛

百人以上的大型钓鱼比赛在组织工作、钓场、裁判、后勤接待、交通车辆等诸方面，特别是经济支出上都较复杂而庞大。但只要经费落实，组织安排得当，还是能顺利进行的。而且在相互交流协会工作经验、切磋钓鱼技艺，以及增进友谊等方面有好处。

组织百人以上的钓鱼比赛，首先要选择好钓场。钓鱼比赛是否成功，关键是能否让绝大多数人钓到鱼，使多数参加者钓得满意、过

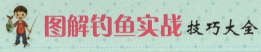
瘾。因此，要有20亩以上的大型鱼池，其岸边才能容纳百人同时参赛。

百人以上钓鱼比赛，临场指挥工作很重要，要有人统一指挥，首先，先要把众多的人以区为单位分别组合，各钓区有明显的标志。然后由各区裁判员组织运动员抽签决定钓位，各钓区运动员按钓位号排队，进入赛场。这就要求裁判员既是执法者（按竞赛规则办事），又是具体的指挥者。百人大型钓鱼比赛应配备经验丰富、具有权威的总裁判长及副总裁判长，各钓区设裁判组长，各带4～5名裁判进行工作。比赛结束后，由副总裁判长负责收集各钓区的运动员成绩，经核对后签名，统一交

给总记录长计算成绩、名次，并及时公布成绩。

百人以上钓鱼比赛的接待后勤工作和车辆的安排也是重要的一环。运动员来自各方，先要合理安排住房，关心就餐条件，大会前要接送到驻地，大会比赛期间，要接送去钓场，大会结束还要送到车站、码头，当然在此之前还要代购车船票。因此，需一定数量大客车、面包车、轿车等。要有专人负责调车，在比赛期间车辆应编号，事前公布各队运动员乘车人数，每辆车有一名熟悉路线的工作人员组织和带路。

此外要有医疗急救站或在现场安排急救医生巡视，并配备一辆救护车，以防不测。

8. 举办钓鱼比赛要具备什么条件

钓鱼比赛是一项群众性的体育娱乐活动，少则十几人、数十人，多则几百人、上千人。这种小型、中型、大型比赛所要求具备的条件既有相同的地方，也有不同的地方。

相同的条件是，都要有领导的重视和支持，要有经费来源，要有钓场，野生或养殖的鱼类品种多，数量多，使运动员感到钓趣浓厚，有竞争力；有一支训练有素、热情公正、遵守纪律的裁判队伍；交通、住宿方便；有渔具、饵料供应；伙食清洁卫生；有交通安全措施和医疗抢救条件等。

不同的条件是，大型比赛的钓场要求高，不仅要求水面大，钓场设置好，还要具备抢险急救船只、救护车、服务良好的宾馆饭店和车队，各种渔具、饵料供应充足。不仅需要训练有素的裁判员，更需要聘请经验丰富、组织能力强的裁判长、评判长指挥评判。垂钓之余，还要组织运动员进行经验交流、文化娱乐和游览活动，丰富活动内容。

在国内举办国际性比赛时，除具备上述条件外，还要有翻译陪同，以便交流情况。赛前，要尊重外方垂钓方法与习惯，共同商讨比赛项目及具体钓法，制订适应双方习惯，又切实可行的比赛方法；有时可讨论决定更改比赛项目和方法。赛后，可聘请国外运动员参观厂矿、农村和风景区，以促进外向型经济的发展和旅游业的兴旺。这就要求我们选择的钓点不仅要在经济较发达、交通方便的地区，还要在风光优美的风景区附近。

9. 怎样划分钓区、钓位

钓鱼比赛为了贯彻机会均等的原则和便于裁判员工作，必须划分钓区、钓位。划分钓区、钓位有两个原则：一是按队、人划分；二是按钓场地形的具体情况划分。

按队、人划分钓区、钓位的原则是：每队有几名运动员，即划分为几个钓区，如每队3人，即划分3个钓区，每队5人，划分为5个钓区；有多少队参加，即每钓区应划多少钓位，如有20队参加，每钓区应划20个钓位，有30队参加，应划30个钓位。

钓场划分钓区、钓位的原则：首先，划分的数量是按照队数、人数而定的；其次，要按钓场地形、河岸的实际情况来划定钓区和钓位。一个钓区的钓位要尽可能在同一个方向，地段要邻近，每个钓位之间的距离要相等。对岸边的障碍物（树木、电线杆等）、不安全处和河底的明显障碍物如树木、草丛、浅滩等要避让。尽可能让运动员在同一条件下参与比赛。同时，尽量避开上钩率特高的喂食区和深浅不一的地段和难以垂钓的死角，让运动员在垂钓中能机会均等。

10. 钓鱼比赛成绩计算方法

目前，计算钓鱼比赛成绩、名次的方法有：

（1）总重量计算法

将个人所钓鱼（不论大小、鱼种）一起称重量，多者名次列前。适用于一轮或多轮比赛。

（2）总尾数计算法

以个人所钓鱼（不论大小、鱼种）的尾数计成绩，多者名次列前。适用于一轮或多轮比赛。

（3）尾数与总重量相结合计算法

以个人所钓鱼中取出 3 尾或 5 尾最大之鱼，称总重量，重者名次列前。此方法可减少对幼鱼的伤害，适用于一轮或多轮比赛。

（4）尾数与总长度相结合计算法

以个人所钓鱼中取出 3 尾或 5 尾最大之鱼（或最长），用尺逐一测量鱼体长度，然后相加，总长度长者名次列前。

（5）单尾最大计算法

①以个人所钓鱼中取出一尾最大的称重量，重者名次列前。

②以个人所钓鱼中取出一尾最大（或最长）之鱼，用尺测量体长，长者名次列前。以上均适合一轮或多轮比赛。

（6）计分法

①以个人所钓鱼的总重量排列全体参赛者先后顺序（名次），然后按顺序给分。如 80 人参赛，第一名得 80 分，第二名得 79 分，第三名得 78 分，以此类推。此法适用于三轮以上比赛，把二轮得分相加为个人成绩，得分多者名次列前。

②也可以按排列顺序相反给分计算：如 80 人参赛，第一名得 1 分，第 2 名得 2 分，第三名得 3 分，以此类推。把两轮得分相加，得分少

者名次列前。采用后者不易出差错。

（7）团体成绩、名次计算法

①团体总重量计算法。把各队各运动员在各轮比赛中钓鱼总重量按队统计，哪队总重量重者，团体名次列前。

②团体计分计算法（一）。把各队每个运动员各轮比赛中得分按队相加，哪队成绩好，名次列前。

③团体计分计算法（二）。把各队运动员得分按轮评出名次（即每轮比赛评出队的名次），最后把各轮名次合并相加，评出团体名次。

后两条是两种不同的计算两轮以上比赛名次的方法，在规则中一定要写明团体分相加的方法，以便准确评出团体名次。

11. 钓鱼比赛中的通用规则

几年来，各地举办各种钓鱼比赛，其比赛规则基本上大同小异，已初步形成了一些通用规则：

①在使用钓竿方面的通用规则有：

手竿，每人限一竿一线，1～2只钩；禁用锚钩及双尖连体钩。手竿的长度，一般限 6.5 米以下，大水面也有限 8 米以下者；钓线长度不得超过竿长；手竿不准装绕线轮。海竿限每人一根或二根，长度不限，钓钩个数限 8 只以内，但禁用空钩（不上钓饵）锚鱼。

②打窝通用规则有：

比赛发令前，不准打窝；比赛开始后，在 5～10 分钟内打窝完毕，其他时间不准打窝。但中间可补窝一次，时间 3 分钟；打窝允许用撒饵器，也可直接用于投撒，但不能干扰左右垂钓者；禁用有毒饵料。

③钓区按报名顺序排定，钓位由运动员在赛前抽定。赛间不得换

位或越位。如个别钓位因水下有障碍物、场地有障碍物，难以施钓，可举手报告裁判，经裁判长现场勘察后决定换位，但必须在开赛后 10 分钟内提出，否则不予理会。

④一律独立操作，自钓自取自养鱼，凡经他人帮助所获之鱼均不计成绩。

⑤牵拉大鱼时（遛鱼），如果鱼越界，只要人不越界，仍然计成绩。

⑥比赛结束，应立即收竿停钓。如钩上已有大鱼，限在 10 分钟内取上有效，逾时不计成绩。

⑦对犯规的处理：每犯规一次，扣除本人该轮钓鱼总重量的 10%～20%；如三次犯规，则取消该轮本人全部成绩。

⑧提倡文明垂钓，保持赛场安静，严格遵守规则，服从裁判，团结友爱，注意安全。

12. 钓鱼者级别的划分

在日本，钓鱼运动员有级位和段位的荣誉称号；在我国，则有垂钓能手的荣誉称号。

日本的级位为低级荣誉称谓，段位为高级荣誉称谓。段位中有七段、八段者，和围棋高手一样，只授予少数钓鱼经验丰富并享有崇高声望的长者。中国垂钓能手分为三级、二级、一级、特级四个等级。三级为初级称号，二级为中级，一级为高级，特级和日本的八段一样，为最高荣誉称号。

垂钓能手一般在各级钓鱼协会举办的钓鱼比赛活动中产生；少数钓龄长、经验丰富、有理论著述者，亦可参加评选，经地、市级以上钓鱼协会竞赛部门审核评定，由协会委员会或常务委员会批准，授予

相应的"垂钓能手证书"。

三级垂钓能手在地、市级举办的比赛中产生。在 50 ~ 100 人的正式比赛中,获某个项目的第一、二名者,即可授予三级能手称号;在 100 人以上的大赛中,第三名也可获三级能手称号。在一次比赛中,获两个以上项目名次者,按最高名次评定。比赛中未能获前三名,但有名次,并具有 10 年以上钓龄,在理论上有所著述者,亦可获三级能手称号。

三级垂钓能手参加省、自治区、直辖市级比赛中获前三名者可获二级垂钓能手称号;在地、市级比赛中蝉联某项目的前三名者,三级能手亦可晋升为二级。

二级垂钓能手在全国或 10 省、市以上组织的比赛中获前三名,或者在省、自治区、直辖市级比赛中蝉联某个项目的前三名,可晋升一级垂钓能手。三级垂钓能手如在国际性比赛或邀请赛中获个人冠亚军,可破格晋升为一级能手。

我国和日本一样,特级垂钓能手的名额控制较严,但只要成绩显赫,贡献大,亦可破格提升。一般一级能手需在国际比赛或国际邀请赛中获一项冠亚军者,方可晋升为特级。如只得三、四名,需下次蝉联方可晋升。如理论著述多而精,影响较大、钓龄长、经验丰富,且负责一级协会的领导工作,参加国际性比赛成绩较好,有名次,虽不是冠、亚军也可破格晋升为特级能手。